पतनशील

पत्नियों के नोट्स

वाणी प्रकाशन

पतनशील

पत्नियों के नोट्स

नीलिमा चौहान

वाणी प्रकाशन
4695, 21-ए, दरियागंज, नयी दिल्ली 110 002

शाखा

अशोक राजपथ, पटना 800 004

फ़ोन: +91 11 23273167 फ़ैक्स: +91 11 23275710

www.vaniprakashan.in
vaniprakashan@gmail.com
sales@vaniprakashan.in

PATANSHEEL PATNIYON KE NOTES
by Neelima Chauhan

ISBN : 978-93-5229-608-8
Non-fiction/Feminism/Humor

प्रथम संस्करण 2017
द्वितीय संस्करण 2018
आवरण व रेखांकन : अपराजिता शर्मा
कैलिग्राफ़ी : भास्कर कर्ण

मूल्य : ₹ 395

सिटी प्रेस, दिल्ली-110 095 में मुद्रित

वाणी प्रकाशन का लोगो मक़बूल फ़िदा हुसेन की कूची से

माँ

और

मिष्टी

के लिए

सिलसिला

क़ैद में है बुलबुल

बीबी हूँ जी, हॉर्नी हसीना नहीं

हम लाचार बीवियों के लिए रसोई से बिस्तर तक का सफ़र बहुत लम्बा होता है।

हर रात तेल और मसालों की बू से लबालब इस हरारत भरे बदन को बिस्तर तक पहुँचाते हुए अपने दिलो-दिमाग़ पर जमी औरताना किचकिच को साफ़ करती चलती हूँ। माफ़ी चाहती हूँ कि आज भी तुम अपने बिस्तर पर हॉर्नी हसीना की जगह बहस के लिए पिल पड़ती बेस्वाद बीवी ही पाने वाले हो। बीवी जो हर रात हमबिस्तरी के तुम्हारे सारे इरादों को अपनी ज़िद से चूर-चूर करती पूरी गृहस्थी को बिस्तर पर ही मेहमाननवाज़ी करवाने चली आती है। बीवी जो इधर-उधर की, आजू-बाजू की, अड़ोस-पड़ोस की, तेरी-मेरी-उसकी और न जाने किस-किस की बातों, रंजिशों, शिकायतों, चुग़लियों से ठसाठस भरी गुर्रानी बिल्ली बनी बिस्तर को पानीपत का मैदान बनाने पर उतारू दिखाई देती है। बीवी जो शौहर की नसों के फनफनाते हुए तनाव को इनाम में सरगर्मियों से भरा जलव-ए-हुस्न पेश करने के बजाय अपनी बासी सड़ी ज़नाना बातों से ठण्डा करने में कोई कसर नहीं छोड़ती। बीवी जो जिस्म नहीं रह गयी, जुनून नहीं रह गयी। बस एक थुलथुले, लिजलिजे गोश्त में तब्दील हो चुकी है। बीवी जिसके बदन में नज़ाकत और शरारत भरी कामुक शिरकतों को महसूस करने की क़वायद में मनहूसियत ही हाथ लगा करती है। देखो न, तुम्हारे चेहरे पर चस्पाँ इन बयानों को साफ़ तौर पर पढ़ पा रही हूँ मैं।

हाँ, मेरे आक़ा याद है मुझे। मैं वही औरत हूँ जिसे आये दिन हमबिस्तर होने का बुख़ार चढ़ा रहता था और जो पूरे हफ़्ते के स्कोर को अँगुलियों पर

गिनकर और उसमें कुछ एनकाउंटरों का इज़ाफ़ा करके सहेलियों को अपनी ख़ुशहाल शादीशुदा ज़िन्दगी के सबूत पेश किया करती थी। हाँ मैं वही औरत हूँ। बस कुछ हालात, कुछ मजबूरियों और अपनी ज़िद्दी आदतों की मारी हूँ। इन तमाम हदों से गुज़रकर जिस्म बनने के लिए पूरी ईमानदारी से ताक़त लगाकर भी जब हारती हूँ तो ये मख़मली बिस्तर श्मशानगाह का एहसास देने लगता है। एक बार जिस्म की आवाज़ दिमाग़ तक पहुँचे और मैं बीवी

से माशूक़ा की शोख़ अदा में आऊँ, उससे पहले ही चिढ़, कोफ़्त और घुटन मेरे ज़ेहन को कसकर गिरफ़्त में ले लेते हैं। जितनी तेज़ी से तुम पति से एक जिस्म में तब्दील होते हो उतनी रवानी मेरे बूते की नहीं। हरकत के बदले हरकत, जुनून के बदले जुनून, प्यास के बदले प्यास, जिस्म के बदले जिस्म। नहीं नहीं, मैं ग़रज़मन्द पीछे छूट रही हूँ और तुम भागे जा रहे हो। रुको मुझे देह से पहले मन को खुलकर पेश करना था। सजे हुए थाल में सलीक़े से पेश किये हुए लज़ीज़ व्यंजन की तरह। अजी देख नहीं रहे क्या? इस लपक और झपट में जिस्मों से पहले दिलों की क़दमताल की मेरी तमन्ना हार रही है।

हाय! हर बार ठीक उस वक्त जब तुम क़िला फतह कर रहे होते हो, मैं बाँध के परे रह गयी कसमसाती, प्यासी, मुरझाई नदी बनकर रह जाती हूँ। यह लो एक बार फिर इस बेमक़सद क़वायद में हारी हुई हताश बीवी रह गयी है और एक जमकर बरसा हुआ जिस्म दोबारा पति में तब्दील होकर पीठ घुमाकर बेख़बर सोया पड़ा है।

उफ़! कैसी ज़हरीली नागन सी है ये रात!

कितनी आवारा, कितनी बदचलन, कितनी ख़ार खायी सी!

ज़नाना लस्ट के लफड़े

आलीजाह आपने इतनी ज़हमत क्योंकर उठाई? हम तो पहले से ही इस हक़ीक़त से वाक़िफ़ हैं कि हम बीवियाँ बुनियादी तौर पर ही होती हैं एक सेक्सरहित जीव।

जिन अल्फ़ाज़ को आप छुटपन से बोलते हुए जवाँ हुए और जिनका वास्ता औरत और मर्द की देह के खेल और उसके आनन्द से हुआ करता है उन लफ़्ज़ों को बोलने से हमें सख़्त हिक़ारत और परहेज़ हुआ करता है। यही नहीं जनाब हम ख़वातीन अपने जिस्म के उन रहस्यमयी मायावी हिस्सों को छूने या उनसे जुड़ी किसी तकलीफ़ और ख़ुशी को बयान करने की ज़ुबान सीखने जैसी ज़हमत नहीं उठातीं। इसलिए नहीं उठातीं क्योंकि एक नापाक़ और बदचलन लड़की होने की तोहमत कौन मोल ले? एक ग़ैरमक़्बूल औरत कहलाने की पशेमानी कौन सहे?

जान लीजिए कि लड़की कभी अकेली नहीं होती। अपने गुसलख़ाने में भी नहीं, अपने कमरे के अपने बिस्तर पर भी नहीं। अपने घर से बाहर तो कभी भी नहीं। उसके भगवान, उसके बड़े बुज़ुर्ग, उसके वहम, उसके सबक़, उसकी फ़ितरत, उसका आगा-पीछा हमेशा उसके साथ हुआ करता है। हमें तो यही सबक पिलाया गया कि यह पाक़ देह पर्दे में सहेजे जाने के लिए है। सबकी रज़ामन्दी से चुने गये उस अनुभवी मर्द को सौंप दिये जाने के लिए है जिसे पति कहा करते हैं और जो हमबिस्तरी के लिए एक कमसिन और पाक़ीज़ा बीवी की चाहत में जवाँ हुआ होता है। जबकि हम बीवियों का बचपन बाज़ार में बाज़ू से टकरा गये मर्द की छुअन को नल के नीचे रगड़-रगड़ कर धोए जाने की तर्बियत वाला रहा है जनाब।

पतनशील पत्नियों के नोट्स

आप मर्दों की दुनिया में कुछ भी पवित्र और पोशीदा नहीं हुआ करता। सब कुछ छूने, कहने, महसूसने और हासिल करने के लिए हुआ करता है। आपके लिए जिस्म और आनन्द के दरमियान कोई रुकावट, कोई बहकावा नहीं। आपके क्रोध की अग्नि भी तबतक शान्त नहीं होती जबतक आप बरास्ता गालियों के पूरी दुनिया को अपनी सेक्स की उद्दाम तमन्ना और ताक़त के आगे कमतर और लाचार न जंता दें। आपके लिए दुनिया में एक ही शै का डंका बजता है जिसे आप अपना सबसे अहम अंग ही नहीं मानते बल्कि जीता-जागता चाबुक माना करते हैं। कीड़े-मकोड़ों, छिपकलियों जैसी वाहियात चीज़ों से लेकर मरे हुए चूहे-बिल्लियों को छूने जैसी हरकतों से आपको कोई परहेज़ नहीं हुआ करता, नापाक़ हो जाने का वहम नहीं हुआ करता। ठीक वैसे ही आपके लिए सेक्स और देह के दर हैं जिसके दायरे में कोई लफ़्ज़, कोई हरकत, कोई हसरत बुरी शै नहीं होती। जब कुछ बुरा नहीं तो कोई पर्देदारी भी ज़रूरी नहीं हुआ करती और इसलिए आप नंगे बदन खुलेआम घूमने और ज़नाना अंगों की डाइसेक्शन करने से लेकर पॉर्न तक सब में रमे हुए रहकर जवाँ हुए होते हैं। आपको बुरा लगेगा सुनना पर आपने नीली किताबों से औरत और उसके शरीर से आनन्द लेने के तौर तरीक़ों को सीखा ही नहीं होगा बल्कि बेखटके उनको आज़माया भी होगा। जबकि हम बीवियों ने एक अनजान क़िस्म के ख़ौफ़, फ़रेबी क़िस्म के वहम और साफ़-सुथरेपन के साथ शादी से पहले का जीवन जिया होता है, जिस पर हमें ताउम्र खुसूसन नाज़ हुआ करता है।

ग़ालिबन सेक्स में हमें सामनेवाले से पूरी गारण्टी, दिलदारी और ज़िम्मेदारी चाहिए होती है। हम हिसाबफ़हमी की मारियाँ यह नहीं बर्दाश्त कर सकतीं कि कोई मर्द आये और हमारे जिस्म और रूह से खेलकर यूँ ही चला जाए। इसलिए हमने बड़े सब्र से अपने देह के कपाटों को बन्द ही रहने दिया। देखिए आज के ज़माने में जब हुस्न और सेक्स के मजमे से भरा पूरा सुनहरा पर्दा हमारे अन्दर अरमानों का भड़कता हुआ समन्दर पैदा कर रहा हो। जब गहराइयों में उतर जाने के एहसास को बेख़ौफ़ बनाने वाली क़िस्म-क़िस्म की तरकीबें मौजूद दिखाई देती हों। ऐसे में भी कोई जवाँ लड़की किसी के साथ सोने की उत्तेजना से नावाक़िफ़ होती हो या उस मक़ाम को हक़ीक़त में हासिल

करना चाहती न हो, यह मुमकिन है ही नहीं। अजी ऐसा भी नहीं है कि दूध की धुली कहलाने का चस्का हमें चलाता ही आता हो। पर तब भी लस्ट के समन्दर में स्कूबा डाइवर कम ही होती हैं कभी-कभार की सर्फिंग का ख़तरा मोल लेने वालियाँ बहुतेरी मिलेंगी आलमपनाह।

हाँ, क्यों नहीं जनाब मैं ख़ुद भी किसी क़ाबिल, भरोसेमन्द और हसीन शख़्स से प्यार का बहाना कर उसके साथ सो सकती थी। कोई हैरानी नहीं होती कि सोने के बाद उसको मुझसे या मुझको उससे या हम दोनों को एक-दूसरे से वह वाला प्यार हो गया होता जिसके एवज़ में हम एक-दूसरे के हमसफ़र बनते होते। पर क्या ही सितम है कि ऐसा हमदम तलाशना कपटीले सब्र का काम है। अजी जुआ है जुआ। लूट कर फ़रार हो जाने वाले बहुतेरे मिलेंगे पर जिस्म के बजाय मेरे अन्दर के इंसान से प्यार करने वाला चिराग़ लेकर तलाशने से भी मुश्किल ही मिलेगा। कोई ऐसा शैदाई जिसके दिल में मेरे लिए पवित्र प्यार हो, जिसे मेरे साथ एक आशियाना बसाने की बेसब्र हसरत हो, जिसके दिल में मुझे दिलबर बनाकर मेरे जिस्म से अपने बच्चे पैदा करवाने की तमन्ना हो और जो ताउम्र मेरे इश्क़ में दीवाना बना रह सकता हो। हाय! सपना था और सपना ही रह गया।

अजी यह भी अजब बीमारी है कि हम बीवियाँ शादी से पहले भी हर मर्द में ज़िन्दगी भर का साथ निभाने वाला यक़ीन तलाशती हैं और शादी के बाद भी एक ही मर्द की हमबिस्तरी में पूरे सन्तोष के साथ रह सकने का दम भरा करती हैं। आप मुझ पर बेज़ायका होने का इल्ज़ाम तो न ही लगाएँ क्योंकि अगर मैं ज़ायकेदार और कामुकता के सबूत पेश करने वाली होती तो भी आप ही परेशान हुआ करते। बढ़-चढ़कर अपनी उत्तेजना का हवाला देने वालियों और अपने पतियों से कामुकता के खेल में टक्कर लेने वालियों की पिछली ज़िन्दगी को लेकर शौहर के दिमाग़ में एक शुबहा-सा तो पैदा हो ही सकता है। आप समझ सकते हैं कि ऐसे शुबहे के दबाव में आया शातिर शौहर किस-किस तरकीब से यह जानने की जुगत लगा सकता है कि उसके सामने बिछी औरत की देह का द्वार उसकी ही पहली दस्तक से खुला है या नहीं।

नहीं आज की तारीख़ में कोई शौहर इतना भी मूर्ख नहीं होगा कि सीधे ही शुबहे को ज़ाहिर कर दे पर बीवियों को तो अपनी तरफ़ से सावधानी बरतनी ही होती है न? घर के घर उजड़ सकते हैं अगर बीवियों के पुराने यारानों के खुलासे शौहरों को होने लगें। नहीं आप मत मानिए। यूँ भी कौन औरत अन्दर की बातें बाहरवालों को बताकर अपनी भद्द पिटवाना चाहेगी। शौहर होते ही ऐसे घाघ हैं कि हँसी-हँसी में उगलवाने की ताक में रहा करते हैं कि कहीं शादी से पहले का कोई चक्कर होता हो और बीवी उसकी याद में आँसू बहाती हो। नहीं भई बीवियाँ भागती कहाँ हैं? वो तो बस हमबिस्तरी के वक़्त अपने पुराने प्यार की याद में हुआ करती हैं और ज़्यादातर बेगानी-सी पड़ी हुई एहसान जता रही होती हैं। नहीं जनाब शौहर ऐसा कहता नहीं पर मैं तो उसकी रग-रग से वाक़िफ़ हूँ। वो क्या है न कि मैं अपने ऊपर छाये हुए मर्द के शरीर की शौहर की तरह सुराग़ तलाशती आँखों को पढ़ लिया करती हूँ।

देखिए जनाब बच्चों की पैदाइश का एक बड़ा और नेक काम जो मैंने कर लिया है उसके बाद शौहर के हाथ कोई वहम लग भी जाये तो क्या? आख़िरकार रहना तो उसे अपनी बीवी के साथ ही है। अजी वह गली वालों और रिश्तेदारों के बीच जाकर इस शक का ढिंढोरा तो पीटने से रहा कि उसकी बीवी एक बेहुस्न, बेरंग, बेजान प्राणी है या कि वह शादी से पहले की यारबाशी की याद में डूबी उत्तेजनाहीन मांस का पिंड भर है।

जनाब दुनिया के औरत और मर्द की कामुकता धरती के दो ध्रुवों के मानिंद दूर है। आदर्श रति-रास है ही एक ख़ुदगर्ज़ क़िस्म की कल्पना, एक वहम। परत-दर-परत कई मुखौटों का फ़रेब सहेजे। हमें हमबिस्तर नहीं हमदीवार कहिए। हम दोनों की उघड़ी हुई देह के दरमियान कितने तो ताले हैं सनम। हम यूँ एक-दूसरे के सामने डटे हुए हद से हद बस जिस्म के लबादे ही तो उतार फेंक सकते हैं। इससे आगे हमारी औक़ात कहाँ। छल भरा सम्मोहन, कपट भरा शर्मीलापन, अलगाव भरा लगाव, शातिरता भरी होशियारी। है कोई जो मुझपर डाले अपनी चाहतों के लाल डोरे। उड़ने दे पंख पसार।

अच्छा जाने दीजिए। शादी है ही एक तोहमतों भरा सेक्सहीन स्पेस। आप मानो या न मानो।

बस्टी ब्यूटियों का तिलिस्म

आपके लिए एक शानदार औरत का मतलब है देखने वालों की नज़रों में अदब से लेकर लालसा तक के भाव पैदा कर सकने वाले उभार।

आपको एक ऐसी कमनीय औरत की तलब रहा करती है जिसे अपनी छातियों में उफनते शबाब की ताक़त को ठीक से इस्तेमाल करना आता हो। ऐसी औरत जो अपनी छातियों को बेबाक अधखुले राज़ की तरह दिखाए जाने के ज़ालिम असर से वाक़िफ़ हो। ऐसी औरत जो अपने उभारों के ज़रिये अपने उपजाऊ होने का दावा पेश करना जानती होती हो। मैं क्या, कोई भी औरत यह मानने को राज़ी नहीं होगी कि अपनी बेतहाशा ढलकी जाती छातियों को लेकर वह अकुलाहट से, असुरक्षा से भरी पड़ी होती है। उम्र के ज़ालिम असर और ज़च्चगी के सारे सितम सह चुकी छातियाँ जब बढ़ती हुई चर्बी से थुलथुलाने लगती हैं तो किसी भी समझदार औरत के लिए इस सितम को राज़ बनाये रखना निहायत ही झक्क भरा ज़रूरी काम हो सकता है। आप क्या जानें कि शौहर को रिझाने में नाकाम छातियाँ जब इधर-उधर फैलकर बेमक़सद पड़ी होती हैं तो अपने लिए हिक़ारत से भर उठी बीवियाँ हमबिस्तरी के अपने सारे इरादों पर शर्मिन्दा हो उठती हैं।

ब्रा के इलास्टिक को इज़्ज़त बख़्शने के लिए हामी न भरने वाली छातियाँ। उजड्डपने पर उतारू छातियाँ। कभी जवानी तो कभी ममता के नाम इस्तेमाल होती आयी छातियाँ। कैसे यक़ीन दिलाऊँ आपको कि किसी औरत के लिए अपने बग़ावती डबल डी को सँभालना शराबी औरतबाज़ शौहर को सँभालने जितना ललकार भरा काम हुआ जाता है।

जिस मुल्क में देवियों तक को भरपूर उभारों और गोलाइयों वाले उरोजों के साथ रचा गया हो वहाँ बेहाल और ऊलजुलूल अनुपात वाली छातियों की मालकिन होने का जुर्म छोटा नहीं हो सकता है। क्या? हाँ जनाब कौन नहीं जानता कि उतरे हुए सीने वाली जवान औरत भी लतियाई और मुरझाई अधेड़ औरत दिखाई देती है और चुस्त कसावों वाली अधेड़ औरत भी मर्दों की नज़रों को उम्मीद से भरने की हैसियत रखती है। इसलिए कहती हूँ जनाब कि औरत अपनी छातियों की हक़ीक़त को छिपाने की असरदार जुगत न अपनाए तो बेग़ैरत छातियाँ फुर्र से अपनी असलियत बकने को सरेमहफ़िल ही आमादा हो उठें।

सच कहूँ तो मैं किसी ऐसी औरत से मिलने को बेताब हूँ जो अपनी छातियों की दरार में बेशर्म हक़ीक़त बनकर उभरती झुर्रियों की झलक से परेशान न होती हो। उफ़! बस्टी ब्यूटी के औरा में जुनूनी हो चुकी दुनिया। है कोई ऐसी बेफ़िक्र बिन्दास औरत जो अपने सीने पर पसरते हुए सफ़ेद धारियों के जंगली जाल से ख़ौफ़ न खाती हो। मिलवाइए ऐसी किसी औरत से जो अपने माँसल उभारों के खो चुके जादू की याद में चुपचाप तड़पती न हो।

हाय... आँचल के पर्दे में लदी यह बेज़ार चर्बी और उसके तिलिस्म का आशिक़ ज़माना।

रसिक बलमा

मुझे याद नहीं पिछली दफ़ा कब तुमने मुझे हसरत भरी निगाहों से देखा था और लरज़ते हुए लबों से मुझे चूमा था। मियाँ जी ये सरासर आपका वहम है कि बीवी के जिस्म में बुझी शोख़ियों को जगाया नहीं जा सकता इसलिए उसके साथ की जानेवाली चूमाचाटी वक़्त की सरासर बर्बादी है। हाँ, हाँ मुझे इल्म है कि सारा दिन कमाकर पस्तहाल घर लौटने वाले शौहर से यह उम्मीद रखना कि वह हर दूसरी रात लुगाई को चूमते हुए बिस्तर पर ले जाएगा एक निहायत ही उचक्का ख़याल है। यूँ भी, घर-गृहस्थी के बाल-बच्चों के तामझाम से निचुड़कर बिस्तर पर पहुँची हुई बीवी से भी नींद से ज़्यादा की उम्मीद करना शौहर की ज़्यादती ही है। पर यह तो ज़िल्लत की इंतेहा ही है न कि हर दूसरी तीसरी रात पति बस एक सूखा सवाल पूछे कि 'करोगी या नहीं' और हाँ कहने पर अपने काम में जुट जाए और नहीं सुनकर बाँहों में कसे जाने और पुचकारे जाने को बेताब बीवी को रुसवा कर दे। एक नासमझी भरी ना और अगले चौबीस घण्टों तक के एक और इन्तज़ार के हवाले जान। अरी पगली! नानुकुर भरी छलिया हाँ के बहलावे में इस रसिया को ज़रा देर फँसाकर रखना था न। अब बस मलती रह हाथ। कामुकता के खेल की बनती हुई गुंजाइशों का अपने ही हाथों गला घोंट देने वाली बीवी को यही सिला मिलना चाहिए।

अजी कैसे मुमकिन है कि औरतों को किसी भी हरकत में आने से पेशतर ही अपने जिस्मानी जवाबों का अन्दाज़ा हो। अजी आपका क्या है एक ही जगह तो पहुँचना होता है आपको। पर मेरे लिए इस रास्ते की मंज़िल क्या है? और कोई है भी क्या? या ज़माने के दस्तूरों के ईजाद किये

गये वहम हैं ये। औरत के लिए इस रास्ते की हमक़दमी तो एक ऐसा फ़र्ज़ी मक़ाम है जिसका वजूद बस नीली फ़िल्मों में ही हुआ करता है। आलमपनाह आपने छल किया है। कामना के खेल की ही नहीं ऑर्गेज़्म की भी देवियाँ गढ़कर मुझे वहशत के हवाले कर दिया है। मुझ कामना से आरी पस्तहाल अदना को जमकर मायूस और बेआस कर दिया है। ये जो ज़माने का वहम है न कि औरतें भी अब कामना की खिलन्दड़ी हो चली हैं और अपने हक़ों के लिए लड़ना सीख रही हैं इस पर सौ-सौ लानतें भेजती हूँ। बरख़ुर्दार आपकी चालबाज़ी है यह। हम औरतें आपकी हवसपरस्ती का ख़्वाब तक में मुक़ाबला नहीं कर सकतीं।

मेरे मासूम मियाँ! मेरे रसिक बिहारी! 'ब्रंच' जैसे रिसालों में छपने वाले सेक्स-सर्वे की दुहाई देकर भरमाओ मत मुझे। यह सब एक फ़रेब है हमारे ख़िलाफ़। हम लुगाइयाँ अब भी अपनी कामनाओं की गठरी की गहरी गाँठें खोल कहाँ पायी हैं। अजी बदला होगा सेक्स ने दुनिया को और दुनिया ने सेक्स को पर बस आपके लिए। क्यों नहीं? ज़नाना जिस्म के चारे ने दुनिया के महानतम सियासी खेलों तक को पलट दिया होगा। ज़रूर पलट दिया होगा। ऐसा हुनर तो वही औरतें कर सकी होंगी न जिनमें अपने जिस्म को सामान समझकर कारोबार में लगाने की हिमाक़त और हुनर दोनों ही होगा। मैं तो एक अदना घरैतिन हूँ जिसे अपने जिस्म से अपने शौहर को नचाना तक नहीं आता होता। ज़िस्मफ़रोशी और हुस्नफ़रोशी के फ़न से महरूम हम जैसी ख़वातीन अपने तकिये में सुबका करती हैं। अपनी कमतरी पर पछताती होती हैं। बदक़िस्मती पर टसुए टपकाया करती हैं। अजी और किरकिरी नहीं चलेगी। यह जिस्म तिलिस्म ही तो है। हाय! कोख के रास्ते की सुरंग भर हूँ मैं। देखो तो कैसे सुन्दर नौनिहाल सोए पड़े हैं छाती से चिपटे हुए।

आपका यह नेक ख़याल कि औरतों की कामना के दो हिस्से हुआ करते हैं मुझे हँसाता है। ओह आपने सही पहचाना कि वे हिसाब-किताब से ऐसी लाचार हुआ करती हैं कि अपने उफ़ान का ठीक-ठाक अन्दाज़ा किये बिना मैदान में उतरा करती हैं और आख़िरकार न तो शुरुआती खेल के हबीबी सुख से आशना हो पाती हैं और न 'ओ' फैक्टर के मायावी सच को महसूस ही कर पाती हैं। आपको तो यह भी इल्म है कि हम बेचारियाँ अपने लिए

हयात का रास्ता ख़ुद बनाने को निहायत ही नीच शै मानती होती हैं। हाँ-हाँ मैं सूखी रेत हूँ जिसमें कोई नमी ठहरती ही नहीं। बेमक़सद मस्तूलों वाली जर्जर कश्ती हूँ जिसे कभी साहिल का सुख हासिल नहीं।

हाँ जनाब आपने बजा फ़रमाया कि जो बीवी चमकती निगाहों से, लरज़ते बदन की कमसिन अदाओं से, रसीली बातों के लाल डोरों से अपने स्वामी को रिझाने का फ़न नहीं रखती। जो बीवी शरबते वस्ल का जाम लबों से लगाने को आमादा शौहर को रास्ते से भटकाया करती है। जो बीवी कामना के समन्दर में अपनी कश्ती की मस्तूल के मुताबिक मौज लेने की मुरीद हुआ करती है। उसका शौहर रात गये टी.वी. के आगे पड़ा-पड़ा 'सेक्स एंड द सिटी' या 'हाउ सेक्स चेंज द वर्ल्ड' तब तक देखता रहता है जब तक कि नींद उसके जोश और तमन्नाओं का शिकार न कर ले। जो कहीं बात आगे बढ़ जाए तो टाँगें फैलाकर बेखबर सोती बीवी से नज़रें फेरकर किसी हार्ड कोर सेक्स साइट का पता तलाशता है। अजी बड़ी

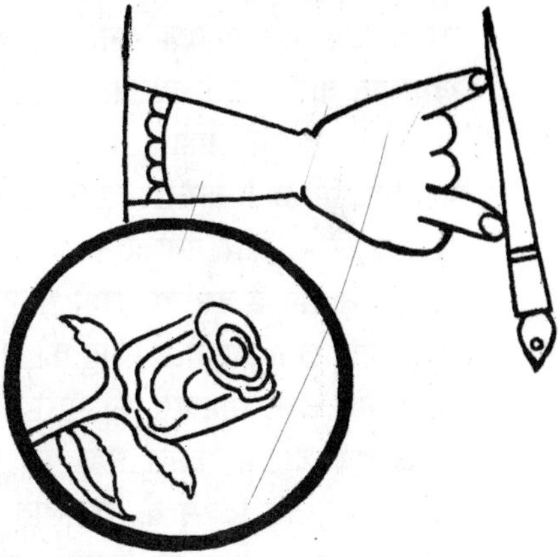

बेकली है आपको आगे जानने की तो सुनिए। ऐसा मजबूर और मज़लूम शौहर नंगी साइट की क़ातिल हसीना के लपलपाते दिलकश इलाके का बाशिन्दा बन जाता है। अजी होना क्या है? बीवी के आये दिन के धोखों से मजबूर होकर अपने पाक़ हाथों से जन्नत का नशा पैदा करने वाली हरकत किया करता है और आख़िरकार अपने लिए चैन-भरी रात का इन्तज़ाम करता होता है।

ओह यह क्या? छी! मेरी नाक़ाबिलियत के चलते आपके भी पाक़ हाथों को कितना कष्ट उठाना पड़ रहा है और मैं हूँ कि आपके किसी काम नहीं आ पा रही हूँ।

हे मेरे क्यूपिड देवता! हो सके तो मुझे माफ़ करना।

तीस घटा पाँच

आज़ाद मिज़ाज हूँ इसलिए बर्दाश्त नहीं कि माहवारी के जुर्म में आप मुझपर तमाम तरह की बन्दिशें लगायें। आप कहते हैं कि नए ज़माने के खुले ख़यालात वाले हैं इसलिए आपने पुरानी तरह की वाहियात सोचों से किनारा कर लिया है और महीने से होने वाली ज़नानियों से अब आपको ज़्यादा परेशानी नहीं हुआ करती। वो बात दीगर है कि चूँकि आप अमनपसन्दों को खून ख़राबे से और नतीजतन बहने वाले ख़ौफ़नाक लाल रंग से हमेशा से ही नफ़रत रही है इसलिए आप माहवारी के खून से सनी औरत को अपने से दूर ही रखना चाहते हैं। लहू का लाल रंग आपको हिंसा की याद दिलाता है। चुनाँचे आप माहवारी की मारी औरतों के पाक़ लिबास पर इसका एक धब्बा तक देखना गवारा नहीं कर पाते। वही तो मैंने कहा कि आपके पिछड़े और तंग क़िस्म के ख़यालात अब बदल चुके हैं और अब आपको माहवारी वाली औरत से, हिक़ारत और बदमज़गी कहाँ होती है। आप तो उसको घरों, दफ़्तरों, सड़कों पर बर्दाश्त कर लिया करते हैं। बस वो क्या है कि देवालयों के देवताओं से आप कोई पंगा-वंगा लेना नहीं चाहा करते इसलिए आप वहाँ माहवारी वाली औरत के दाख़िले का कोई समर्थन नहीं किया करते। आपके इस नेक ख़याल की बलिहारी जाऊँ कि जब हमारे उन दो-चार दिन मन्दिर में न जाने से इतनी पुरानी रवायतें, तहज़ीबें बचती हैं तो क्या हर्ज है इन पाबन्दियों को मान लेने में?

आपकी फ़िक्रमंदी वाजिब है जनाब, कि बुतों को क्या पता कि कौन औरत माहवारी से है और कौन नहीं? कौन शातिर भक्तिन अपनी नापाक़ हालत को राज़ रखकर बुतों के नज़दीक चले जाने की ख़्वाहिश रखती है।

सो इस उज्र से नजात पाने के लिए आपने एकाध जगह चोर-उचक्कों की शिनाख़्त करने जैसी कोई मशीन-वशीन लगाकर औरतों के अन्दरूनी सच की जाँच कर ही ली तो क्या ख़ता हो गयी? बिल्कुल बिल्कुल! बराबरी और इज़्ज़त दिलों में होने की शै हुआ करती हैं। इस तरह की मामूली क़िस्म की बन्दिशों को पाबन्दियाँ मान लेना कहाँ की समझदारी है। देखिए क़ुदरत ने औरतों के साथ जो किया सो किया पर हम जैसी तरक़्क़ी पसन्द जिंसों का फ़र्ज़ ही है ऐसी क़ुदरती नाइंसाफ़ियों की भरपाई करना। सो औरतों को कमरों में क़ैद कर देना या छुआछूत करना जैसी ज़ाहिलाना हरकतें ग़ैर-इन्सानियत का नमूना हैं। बस औरतें उन पाँच दिनों की सब्र मिज़ाजी का नमूना पेश करती चलें तो तय्यिबा कहलाती चलें और जनाब बाक़ी दिन तो बराबरी की मौज ही है न।

आदमी खुले में पेशाब किया करें, अपने ज़रूरी अंगों की ख़लिश को मनमाफिक अन्दाज़ में खुजाकर मिटाया करें। औरतों पर बनी तमाम गालियों से अपने मुँह का और दूसरों के कान का ज़ायक़ा बढ़ाया करें। किसी भी राह चलती औरत के बदन को अपनी आँखों से स्कैन करते हुए या रातों के अँधेरों में मुश्तज़नी से बर्ख़ास्त चिपचिपाहट में सने हुए बुतख़ानों में सर नवाने पहुँच जाया करें। इसमें कोई ख़ता नहीं हुआ करती। मर्दों के ऐसे राज़ न तो किसी एक्स-रे मशीन पर ज़ाहिर हुआ करते हैं न ही बेचारे बुतों की इतनी औक़ात ही हुआ करती है कि वो इस राज़ को बेपर्दा कर ऐसी नापाक़ बन्दगी को ना

क़ुबूल कर पाते हों। पर जनाब औरतों की माहवारी पर आपकी नज़रबीनी ज़रा कमज़ोर पड़ जाए तो आपको लगता है कि बुतख़ानों पर क़यामत टूट पड़ेगी। रवायत, क़ौम, मुल्क, सभ्यता सबके सब दोज़ख में तब्दील हो जाएँगे। अजी निहायत ही नेक ख़याल वाले जन हैं आप तो।

आपने सही फ़रमाया जनाब कि अपनी ज़िन्दगी के क़ीमती साल लहू बहाने में ज़ाया करने वाली औरतज़ात कभी मर्दों की ताक़त, हुनर और

हिम्मत का मुक़ाबला नहीं कर सकती। इसलिए आपने इन्तज़ामे ख़ानादारी और पाप-पुण्य से जुड़ी तमाम तहज़ीबों की सारी नाज़ुक ज़िम्मेदारी हमारे काँधों पर डाल दी है। चुनाँचे हमारे अपनी जगह से एक इंच भी हिल जाने से या एक दम तक भर लेने से इस तहज़ीब का भवन ज़मींदोज़ हो सकता है। हमारी देह की छोटी-से-छोटी हलचल पर, हरकत पर आपकी पैनी निगाहबीनी हुआ करती है। माहवारी जैसी सूरतें तो बाक़ायदा पुण्य को पाप में, पाक़ को नापाक़ में, धर्म को अधर्म में उलट देने वाली हुआ करती हैं। अगरचे औरतें इतना शोरशराबा करके, हायतौबा करके किसी फ़रेब से ख़ुदा के दरबार में घुस भी जाएँगी तो अपनी ही आने वाली पुश्तों का सत्यानाश करेंगी। क्योंकि आख़िर औरत का किया धरा ऊपरवाले तक जल्द पहुँचता है। इतनी दमबाज़ी भरने के बजाय ज़रा-सी परहेज़दारी बरत लें तो उनका अहम छलनी तो नहीं न हो जाएगा। भई ललनाओं के हक़ और बराबरी एक तरफ़ और मज़हब की, तहज़ीब की मुल्क की तरक़्क़ी एक तरफ़।

अजी जनाब आपके मुक़द्दस ख़यालात सुनकर कौन नारी न पिघल जाए और अब आपकी इस वज़नी ख़यालबन्दी को सुनकर मैं पस्तहिम्मत औरत आपसे मुआफ़ी की दरख़्वास्त करती हूँ। आपके इबादतख़ाने और बुत सलामत रहें यही दुआ करती हूँ।

वैसे भी जनाब अगर आप मेरे खुले ख़यालात और तरक़्क़ीपसन्दगी का इम्तिहान लेने की ग़रज़ से मुझे अपनी माहवारी के लहू को अँगुली पर लेकर जीभ पर लगाने को कहेंगे तो मेरा सारा ढकोसला सारे नये ख़यालात, सारी तालीम और सारी हिमाक़त हवा हो जाएगी।

अहा! तीस घटा पाँच बराबर आज़ाद और मुक़द्दस औरत।

गुस्ताख़ कोख

हर एक औरत की ज़िन्दगी का सबसे अहम मक़सद माँ बनना हो यह ज़रूरी तो नहीं न बरख़ुर्दार? कम-से-कम मेरा तो पुख़्ता ख़याल यही है। अजी अकबकाइए मत क्योंकि आपने सही सुना और इस मसले पर आप मुझसे हमनवाई की कोई उम्मीद मत रखिए जनाबेआली।

औरत के मातृत्व को महिमामंडित करने वाले मदर्स डे सरीखे दिन या व्रत-त्योहार मनाये जाने को लेकर एक माँ होकर भी मैं असहज महसूस किया करती हूँ। जब आप औरत को अतिरिक्त इज़्ज़त देने के मिस रस्मों और परम्पराओं की आड़ लिया करते हैं तब आप मुझ जैसी उंगलबाज़ औरतों को दहशतज़दा किया करते हैं। मैं पूछती हूँ कि क्यों दुनिया की हर औरत को माँ बनने की बाध्यता का बोझ उठाना ही चाहिए? क्यों हर औरत को अपनी कोख से बच्चा जनने को एक पवित्र ज़िम्मेदारी मानना चाहिए? मातृत्व जैसी क़ुदरती अवस्था पर क़ौम और जमात की दख़लन्दाज़ी पर औरतों के ज़ेहन में सवाल क्यों नहीं उठा करते हैं? यह किसका फैलाया हुआ वहम है कि औरत का वजूद उसके माँ हुए बिना बेमक़सद हुआ करता है।

वारिस की पैदाइश के लिए औज़ार होने के अलावा भी औरत का वजूद है इस बात के ख़याल तक को किस शातिराना तरीक़े से ख़तावाराना बना दिया गया है। इतना संगीन जुर्म कि हर औरत के लिए ज़िन्दगी का सबसे अहम सपना और चाहत माँ बनकर दिखाना होता हो। घर-परिवार और जमात में बच्चों की मौजूदगी के बावजूद हर औरत को अपनी कोख को उर्वर सिद्ध करने भर के वास्ते जबरन मातृत्व की इच्छा के हवाले कर दिया जाता हो। मेरी जानिब यह एक सोची-समझी क्रूरता है। जनाब यह

भी सच जानिए कि कोई भी औरत भूल से भी यह क़ुबूलने के लिए तैयार नहीं होगी कि माँ बनने के विचार को लेकर वह पसोपेश में हुआ करती है! औरत अक्सर यह जान ही नहीं पाती कि सन्तानोत्पत्ति और जायदाद के वारिस देने के लिए, अपनी उर्वरता को साबित करने के लिए, जमात की नज़रों में इज़्ज़त हासिल करने के लिए, शादी के ढाँचे में ख़ुद की जगह महफ़ूज़ रखने के लिए वह अक्सर ही यह फ़ैसला स्वेच्छा से नहीं ले रही होती। सच तो यह है कि मातृत्व के फ़ैसले को वह अपना हक़ मानती भी नहीं है। शादी, ससुराल की माँग, सामाजिक दबाव उसे मातृत्व की ओर धकेला करते हैं। माँ बनने की दैहिक क़ाबिलियत भर से माँ बन जाने की मजबूरी किसी भी औरत को अपने वजूद के ख़िलाफ़ ही नहीं मानवाधिकार के ख़िलाफ़ भी लगनी चाहिए।

गुड़िया से घर-घर खेलती बच्चियों को हम बचपन से ही माँ होने की तर्बियत से गुज़ारा करते हैं। दरअसल हम अपनी तहज़ीब और रवायत का वास्ता देकर बच्चियों पर यह ज़िम्मेदारी थोपने का हिंसक काम किया करते हैं। मेरी पड़ोसन कहती थी कि "आस-पास जब भी कोई गाय बछड़ा देती है, मैं बेटियों को ज़रूर दिखाती हूँ ताकि वे बचपन से ही माँ बनने के लिए दिमाग़ी तौर पर तैयार हो जाएँ।" मुझे याद है कि सोलह-सत्तरह साल की उम्र से ही मैं डरने लगी थी कि अब बस कुछेक सालों में मुझे इस अनचाही यातना से दिखावटी ख़ुशी के साथ गुज़रना पड़ेगा। उस उलझाव भरी उम्र में मुझे यही लगा करता था कि तालीम और ज़िन्दगी में कुछ नया करने की ख़्वाहिशों के रास्ते में यही दबाव सबसे बड़ी अड़चन है। इसी दबाव के चलते मुझे शादी का ख़याल तक बहुत भयावह लगता था। उन दिनों मैंने अपनी एक उस्तानी को यह कहते सुना कि उसके फ़ौजी पति ने पहली रात उनके जल्द माँ नहीं बनने की इच्छा के बारे में सुनकर यह जवाब दिया कि "तब तो तुमको अपने माता-पिता के घर से इस बाबत बन्दोबस्त का सामान लाना चाहिए था।"

कॉलेज में पहले साल की नीमजान गर्भवती बच्चियों को देखकर मैं गहरी पीड़ा व आवेश से भर जाती हूँ और उन बच्चियों को यह सीख देने का मन करता है कि माँ बनना ही तुम्हारी एकमात्र पहचान नहीं है। माँ

बनने से पहले इंसान होने का दर्ज़ा तो हासिल ज़रूर कर लेना मेरी बच्चियो। यह जो शरीर तुम्हें मिला है इस पर पहला अख़्तियार तुम्हारा ही है। इसे और अपनी कोख को कभी ग़ुलाम मत बनने देना। अपने स्त्रीत्व को, अपने माँ बनने की क़ाबिलियत से या सुहागन होने और बहू होने की काबिलियत से कभी मत आँकना। तुम ख़ुदमुख़्तार बनना ताकि तुम अपने गर्भ और उससे पैदा बच्चे को अपनी पूँजी की तरह इस्तेमाल करने की बदख़याली से बच सको। ग़ुलाम की ज़िन्दगी जीने के ख़याल से नफ़रत कर सको। तुम अपने फ़ैसले बाँझ या निपूती जैसी तोहमतों के असर में आकर मत लेना। तुम बस कोख नहीं हो मेरी प्यारी बच्चियो! बहुत कुछ हो। अपने होने की सम्भावनाओं को खोजो। अपनी आज़ादी को महसूस करो। मातृत्व तो स्त्रीत्व का एक पक्ष भर ही है और उसे बस उतनी ही अहमियत देना सीखो।

ज़मीन और जायदाद के वारिस पैदा कर सामन्ती व्यवस्था को बनाये रखने के लिए यह जमात उतावली हुई जाती है। औरत जमात और गर्भ को साधन के रूप में देखने वाले भाव की बेशर्मी को छिपाकर उसे महिमापूर्ण और दैवीय साबित करने के पीछे तमाम ताक़तें काम किया करती हैं। माँ बनकर स्त्री समझती है कि उसने स्त्रीत्व की पूर्णता का निहायत ही ज़रूरी तमगा जमात से जीत लिया! औरतों को इस फ़रेबी रवायत की गुलामी से आज़ाद महसूस करना शुरू करना चाहिए।

हर औरत के माँ बनने के फ़ैसले का तअल्लुक़ उसकी अपनी चाहत, ज़रूरत, क़ुव्वत व ख़ुशअंजामी से होना चाहिए। जनाब ज़माना चाहे मुझ पर बदगुमानी की तोहमत लगाए पर तब भी कहूँगी कि औरतों को इसे एक ज़ाती हक़ की तरह समझना शुरू करना चाहिए!

हम माएँ हो सकती हैं मादाएँ नहीं।

आईने बता मेरी ख़ता क्या है

जवानी के सुरूर में महकता हुआ मेरा गठीला गर्वीला बदन इतनी जल्द गच्चा देकर ढल जाने वाला है मालूम ही न था यारो।

बदन जो भले ही रेतधड़ी या जलपरी की तरह साँचे में ढला हुआ नहीं था पर जवानी के लश्कारे ज़रूर बिखराए रहता था। बदन जिसके भुलेखे में फँसकर कई भटकती नज़रें अटकी हुई ही रह जाया करती थीं। बदन जिसके अनुपात में इतनी कशिश तो ज़रूर थी जो मस्ते शबाब के मुरीदों को ज़रा देर के लिए ही सही बहका दिया करता था। बदन जिसमें चाहत थी। हसरत थी। उम्र की नायाब नज़ाकत थी। हाँ यारो! ये वही नामुराद बदन है जिसे अब आईने में देखने तक से ख़ौफ़ खाने लगी हूँ मैं। पूरे ज़माने में हुस्न और शबाब के लिए गश्त मारकर घर को लौटी हुई शौहर की चाहतों का ख़तना करता बदन। निकम्मे दर्ज़ी की तमाम नाइंसाफ़ियों और गुस्ताख़ियों का अंजाम अपने सर लेता बदन। नासपीटे डिज़ाइनदार लिबासों के रहमो-करम का मारा घुट-घुटकर साँसें लेता बदन। कभी समझौते तो कभी बग़ावत का ऐलान करता बदन। सफ़ेद धारियों से लदा सैल्यूलाइट का ख़जाना बनता जाता बदन। नहीं यार अब कहाँ वह शोख़ी वह अदा, वह ज़ीनत। अब तो है कभी दर्द-निवारक तो कभी ताक़त की गोलियों का आदी ये बदन।

मैं तो कहती हूँ कि गृहस्थी के ज़लज़लों की मार खाये हुए औरत के बदन में नफ़ासत की तलाश पाप नहीं महापाप है जनाब। जहाँ औरत के बदन को शादी और ज़च्चगी की एकनिष्ठ अमानत समझा जाता हो, जहाँ औरत की अपनी देह को चाहभर छूने और छूकर महसूस करने की आज़ादी ज़ब्त रहा करती हो। जहाँ अपनी देह को अपनी नज़र से देखना संगीन गुनाह माना जाता हो। जहाँ औरत की देह पर तमाम बन्दिशों के

बाद सबसे बड़ी पाबन्दी उससे आनन्द हासिल करने पर हो। जहाँ अपनी देह की ख़ैरख़्वाही की शौक़ीन औरत पर ख़ुदगर्ज़ी का इल्ज़ाम लगाया जाता हो। हाँ ठीक कहा आपने ये वही ज़ालिम जमात है जहाँ हम औरतों का बदन महज़ एक सामान है जिसे देखने की ग़रज से मुझे आपकी नज़रें उधार लेनी होती हैं जनाब।

तुम चाहो तो मेरी इस परीशाँगोई को भाड़ में जाने दो बहनो। पर मुझे ताअज्जुब है कि हम सब एक ही साज़िश का शिकार हुई हैं। सुनहरे पर्दे की चमकीली तितलियों का ग़ैरहक़ीक़ी हुस्न और शबाब मेरे-तुम्हारे गले का काँटा बना हुआ है। बहनो! तुमको हक़ीक़त से आगाह कर दूँ तो बुरा मत मान जाना। ये इस जमात की वाहियात चाल नहीं तो और क्या है कि ऐसे निहायत नक़ली आदर्श सामने रखकर औरत को अपनी ही नज़रों में मामूली साबित किया जा रहा है। कैसी मारामारी है कि हर औरत अपनी हक़ीक़त को बदल कर कुछ और ही हो जाने की तमन्ना का ताबूत ढोए जीती जाती है। रुख़्सत होती हुस्न आराई का ग़म पाले एक मायूस औरत। एक भारी, फैली हुई, लिजलिजी, थकेली औरत। ज़माने भर की ठुकराई हुई, बीमार और परेशान औरत। बेसलीक़ा और बदइंतज़ामियों की मारी औरत। आईने के सामने कभी एपल तो कभी पियर शेप से शापित औरत।

बहनापे के दर्द की मारी हूँ इस बाबत कह रही हूँ। मेरी मानो अपनी देह को अपनी नज़र से देखना शुरू कर दो। ढलते हुए हुस्न को थामना और रूठी हुई जवानी को मनाना किसी के बस की बात नहीं पर इस जिस्म को उसका हक़ देना तो तुम्हारे बस में ही है न। अपनी आँखों की पट्टी उतार फेंको। ग़र गुसलख़ाने में साबुन मलते वक्त अपनी देह के हाल पर मतली आने को हो तो समझ लेना कि तुम उधार की नज़रों से ख़ुद को देख रही हो। जब हमबिस्तरी के वक़्त देह की चमड़ी और उसका थुलथुलाना तुम्हारे ज़ेहन पर क़ाबिज़ होता हो समझ लेना कि तुम अपनी देह को बस परोसती ही आयी हो। इस देह से थोड़ा आनन्द अपने लिए भी पैदा कर लेने से तुम खुदग़र्ज़ या रंडी नहीं हो जाओगी। इस हक़ीक़त को मान लो कि पिन-अप हुस्नज़ादियों के फ़रेबी हुस्न से नहीं, दुनिया चलती है हमारी मेहनतकश देह के श्रम से।

आईने की मत सुनना क्योंकि वो तो गुलाम है जी।

अक्स करे सवाल

बवाल ए जान ब्रा

मैं अक्ल से पैदल पूछती हूँ कि ब्रा औरत के लिए बनी या औरत ब्रा के लिए बनी है?

ब्रा के शिकंजे में कसी हुई छातियाँ कितनी सज़ायाफ़्ता हैं और कितनी महफ़ूज़? ब्रा का बाज़ार औरत के आराम के लिए बना है या मर्दों की उम्मीदों का गुलाम है? औरत की आज़ादी ब्रा को जला देने से हासिल होगी या बरास्ता ब्रा? ब्रा एक मामूली कपड़ा भर है या सामान बन गयी छातियों के लिए एक रंगीन, भुलावेदार पैकेजिंग? ब्रा छातियों का सच है या कि झूठ को सच बनाकर, देखने वाले को भरमाने का इन्तज़ाम?

साहेबान आज की हक़ीक़त यह है कि ब्रा के बिना अपनी चारदीवारी तो क्या औरत अपना कमरा तक नहीं लाँघ सकती। ब्रा के बेदम करते इलास्टिकों, कँटीले हुकों और चमड़ी के दुश्मन हुए जाते जालीदार कपड़े का यह ज़रूरी टुकड़ा। बाज़ार की मर्ज़ी की शेप में घुसकर क़ैद रहने वाली इन छातियों का अपना कोई वजूद नहीं, कोई हक़ नहीं, कोई आराम नहीं। देखिए न कैसे मर्दों की सोच के अन्दर घुसपैठ कर उनकी तमन्नाओं और हसरतों को इस मायावी सीनापोश के ज़रिये वजूद में लाने में जुटा है यह बाज़ार। कामातुर मर्द के सपनों में औरत से भी पहले औरत की छाती और उसकी छाती से भी पहले उसकी सेक्सी ब्रा का ख़ाका उकेरने को वचनबद्ध बाज़ार। पूरी दुनिया को बिगर, फुलर, सेक्सियर छातियों से अभिभूत कर देने पर आमादा बाज़ार। अमांते, एनामोर, कर्वी कोटोर। अंडरवायर ब्रा, पैडिड और डबल पैडिड ब्रा, बैकलेस ब्रा, स्ट्रैपलेस ब्रा, रिवीलिंग ब्रा, मैक्सिमम कवरेज ब्रा, पुशअप ब्रा, कोरसेट ब्रा। आइए और चुन लीजिए अपनी कमी

को दबाने वाली और अपने हुस्न की ज़रूरत के मुताबिक ब्रा। क्योंकि किसे नहीं चाहिए तराशे हुए कटोरे? उठकर सलाम पेश करते हुए से, अदब और नज़ाकत का नज़राना पेश-ए ख़िदमत करते हुए से। इस हसरत को हक़ीक़त में बदलने का वायदा करता है बाज़ार। कोई भी औरत बेवकूफ़ नहीं होती जनाब। अगर उसके पास दौलत है तो बाज़ार उसका है और बाज़ार की हर पेशकश औरत की उम्मीदों की चमचागिरी करने को बेसब्र है।

हाय! अपनी तमाम कोशिशों के बाद भी मैं ख़ुद को भरावदार, बुलन्द छातियों के तिलिस्म से आज़ाद नहीं कर पा रही हूँ। हाँ कह तो रही हूँ कि मैं भी दूसरी औरतों की तरह अपनी छातियों के उभार, कसाव और आकार को लेकर अभिभूत हूँ। हर मर्द को औरत के सीने से जो उम्मीद होती है वही उम्मीद मुझे अपने सीने से रही है। कोई भी नये डिज़ाइन की ब्रा खरीदते समय ट्रायल रूम के आईनों में अपने को हर उस कोण से निहारकर देखती हूँ जिस कोण से मर्दों की दुनिया मुझे देखती होगी। छी! मर्दों को रिझाना मेरा मक़सद नहीं मैं तो बस यह चाहा करती हूँ कि मेरा सीना हर समय, हर पहलू से इस बात की गवाही देता हो कि उसकी मालकिन एक तरक़्क़ीपसन्द, मॉडर्न और जागरूक औरत है न कि बदइन्तज़ामियों की मारी बेशऊर औरत।

ब्रा के बारे में बात करते हुए मैं हमेशा ख़ुद को यही यक़ीन दिलाने की कोशिश करती हूँ कि ब्रा का मतलब है औरत की आज़ादी। ब्रा का मतलब आराम, सहजता और सुरक्षा। पर मैं दरअसल हूँ एक चालाक तरक़्क़ीपसन्द औरत जो कभी भी यह मानने को राज़ी होगी नहीं कि उसके लिए ब्रा का मतलब मर्दों की दुनिया में ख़ुद को एक दिलकश औरत की तरह पेश करने की दिली तमन्ना भी है। वैसे आप क्यों चाहते हैं कि ऐसी तमन्नाओं के लिए मैं शर्मिन्दा महसूस करूँ या जैसे अबतक ख़ुद को झुठलाती आयी हूँ

वैसे ही आगे भी ख़ुद से धोखा करती ही चलूँ? सलीक़ेदार और लुभावने डिज़ाइनों की ब्रा पहनने से मुझे जो एतबार ख़ुद पर आता है उसके लिए ज़रा बहुत क़ीमत मैं चुकाने को राज़ी रही हूँ। अजी आपकी नज़रों में झाँककर देख सकती हूँ कि आप मेरा अदब और ज़्यादा बढ़-चढ़कर कर रहे हैं। आप मुझे संजीदगी से ले रहे हैं। यक़ीनन आपकी कामुक फैंटेसी में भव्य सीने वाली औरत का चेहरा मुझसे मिलता-जुलता सा होता होगा?

आख़िरकार बाइयों और मज़दूरनियों की उबकाई पैदा करने वाली बेसहारा छातियों से जब मुझे ही हिक़ारत होती है तब आप तो ठहरे मर्द। हाय हाय! क्या ही मुसीबत है कि मुझे अपनी छातियों के लिए आपकी नज़रों में ज़रा भी हिक़ारत बर्दाश्त नहीं। तभी तो आपका यह दावा मेरा वहम बना हुआ है कि ब्रेस्ट है तो ब्रा है, ब्रा है तो ब्रेस्ट।

पल्लू का परचम

बजा फ़रमाया जनाब कि मुल्क की औरतों के सीने पर सटे आँचल को अस्मत बचाने वाली कतरन भर मानने की भूल करना एक लम्बी रवायत की सरासर तौहीन करना है।

ओह मेरी तो तर्बियत ही ऐसी नहीं है कि समझ सकूँ कि क्यों एक औरत ताउम्र अपनी छाती से चिपटी और काँधों से लटकी इस चिलमन के लिए जान दिए रहती है। अजी जनाब क्या हाज़िरजवाबी है आपकी कि ग़र आँचल, दुपट्टा, दामन, पल्लू, चुनरी नाम का यह सरमाया न हो तो शरीफ़ और बदचलन औरत में अन्तर करने में तहज़ीबपसन्द ज़माने को कितनी मुश्किलात पैदा हो सकती हैं। अजी सब्र तो कीजिए मैं इस पर्दा-ए-अस्मत की अहमियत को संजीदगी से समझने की कोशिश में लगी हूँ। आपने बेजा ज़हमत उठाई मुझ कमबख़्त को समझाने की क्योंकि मैं तो आपकी समझाइश से पेशतर ही यह समझ गयी थी कि हम माँ-बहन-बेटियों के बेपर्दा सीने को किन-किन नज़रों से देखकर क्या-क्या नहीं सोचा जा सकता है। तंगपोशाक चोलियों से झलकते सीने के साइज से लेकर और भी न जाने कैसी-कैसी वाहियात कल्पनाएँ देखने वाले के दिलो-दिमाग़ पर काबिज़ हो सकती हैं। माना कि ज़माना नया आ गया है पर लोग तो वही आदिम हैं जिनके लिए औरत एक जिस्म भर है और उसका सीना जिस्म को हासिल करने के मार्फ़त पैग़ाम देता हुआ गोश्त भर है। जनाबेआली आप जो दलीलें दे रहे हैं मेरी जानिब से तो उससे भी कारगर दलीलों की फेहरिस्त पेशेख़िदमत है।

मसलन सोचिए ग़र यह कपड़े का टुकड़ा न हो तो अम्मियों का

ममता भरा आँचल औलादों को कैसे मिल सकेगा और ज़माने के ज़ुल्मों की धूप के मारे राजकुमार को 'आँचल की छाँव' कैसे मिल पाएगी। ग़र आँचल न होता तो दूध पिलाने वाली माएँ किस ओट से अपनी खुली छातियों को घूरे जाने से बचाती होतीं और मासूम बालक की बराबर बहती हुई नाज़ुक नाक किससे पोंछा करतीं। ग़र आँचल न होता तो सोए हुए बालक को भिनभिनाती हुई मनचली मक्खियों से और बाल रक्त के प्यासे मुए मच्छरों से कैसे बचाया जा सकता। ग़र ये कपड़े का नामुराद टुकड़ा न हुआ होता तो कवियों, शायरों के यहाँ इश्क़ और हुस्न की नज़ाकत का बयान करने वाला एक बड़ा मौज़ूँ मुद्दा सिरे से न हुआ होता। सोच कर देखिए तो जब दो दोस्तों की जोड़ी के लिए 'चोली दामन का साथ' वाला मुहावरा न होकर फ़क़त 'फेविकोल के मज़बूत जोड़' वाला चलताऊ मुहाविरा बच रहता। सोचिए जनाब सोचिए ग़र यह पोशीदा लीर न हुई होती तो बसों-ट्रेनों में सफ़र करती औरतें अपने काँधे पर जमाने के मिस पीछेवालों के गालों पर चुन्नी की चपत कैसे मारती होतीं।

ख़ुदा के वास्ते बात की संजीदगी पर ग़ौर फरमाइए। ग़र आँचल न हुआ होता तो गलियों और फ़िल्मों के शोहदों को हुस्नज़ादियों को छेड़ने के लिए कोई और मुश्किल जुगत लगानी पड़ती। बदचलन औरतों के 'दामन में दाग़ लगने' के इतने पुराने मुहावरे की ज़रूरत यकायक ख़त्म हो गयी होती। ग़र ये पल्लू न होता तो दूल्हेमियाँ के साफ़े से बीवी को बाँधने का ज़रिया ही न हुआ होता और फेरों के मुक़द्दस मौक़े पर ही छुट्टी रह गयी दुल्हन के क़दम यहाँ-वहाँ डगमगाने लगते होते। दामन न हुआ होता तो घर की लक्ष्मी स्वरूपा बहू तिजोरी और घर की चाबियों

की गुच्छी को किस जुगत से ख़ुद से बाँधती और सम्भालती होती। अरे भैया, एक ही शै को बार-बार इस्तेमाल करने के हिमायती इस दौर में आँचल से बढ़कर और क्या शै होगी कि जो अपने तार-तार हो जाने तक लिहाफ़ से लँगोट और झाड़न से पोछे तक का लम्बा सफ़र बिन्दास तरीके से तय किया करता है।

पल्लू नाम का यह नायाब तरीका फट से बाज़ारू को घरेलू और लामज़हब परकटी पतुरिया को पूजा-पाठ करने वाली भक्तिन में तब्दील कर सकता है। ग़नीमत समझिए कि यह ग़ज़बनाक, नायाब नुक़्ता हमारे पास है जिसके भरोसे त्यौरियों वाले ससुरालियों के सामने पड़ते ही नूडल स्ट्रैप और ऑफ शोल्डर वाली चोली की बहू फट से लटकते पल्लू का घूँघट ओढ़कर संस्कारिणी और आज्ञाकारिणी बहू दिखाई देने लगती है और घर-कुनबे में ज़लज़ले की आमद को अपनी अक्लमंदी से रोक लिया करती है। इसी चिलमन के सहारे स्कूल कॉलेजों को गच्चा देकर निकली बालाएँ आशिक़ों की स्कूटी पर बैठी होकर भी ज़माने की आँखों में धूल झोंककर गुज़र जाया करती हैं।

देखिए मुझ जैसी तरक़्क़ीपसन्द हौसलामन्द औरत को अपने सीने के इस जोड़ीदार से वहशत तो ज़रूर होनी चाहिए पर अक्सर हुआ करती नहीं। चुनाँचे इसी ख़ब्त की ख़ातिर एक से एक क़ीमती दिलज़ू और हद दर्ज़े के कलात्मक डिज़ाइनों वाले दुपट्टों से अलमारियाँ भर लिया करती हूँ। पर जनाब इस पल्लू से परचम बनाते भी हमें देर न लगेगी क्योंकि इतनी सलाहियत तो आ ही चुकी है कि पता है कि इस फाँस के लिए जान देने का वक़्त अब लद चुका है। अब तो इसकी चाहत बस इसलिए बची रह गयी है कि जब कोई नाज़नीन आँचल लहराकर निकलती है तो पूरा आलम गुलज़ार हुआ जाता है। कितने ही हुस्नपरस्तों की निगाहें इस नफ़ासत की मुरीद हो उठती है। क्या मुसीबत है कि एक मुकम्मल-सी, नाज़ुक-सी, शोख़ औरत की कल्पना लहलहाते-फड़फड़ाते-झिलमिलाते आँचल के बग़ैर अधूरी-अधूरी ही मालूम पड़ा करती है।

इसलिए जनाब औरत के पास हर हाल में एक अदद आँचल ज़रूर होना चाहिए फिर भले ही वह काँधे के एक तरफ़ को दिनभर बेमक़सद-बेरोज़गार

लटका हुआ रहा करे या कि कामिनियों के कमसिन गले में गुलूबन्द की मानिंद क़ायदे से सटा हुआ रहा करे या फिर मुश्किलात के वक़्त परचम बनकर हवाओं में ललकार-भरा फहराता हो।

साथिनो बना लो पल्लू का परचम। जमाना ख़राब है।

साड़ी के सितम

जी जनाब सही कहा। साड़ी भी एक लत है। हमारी जानिब यह ख़ुशपोश औरतों की ऐसी ख़ब्त है जिसका इलाज कोई है ही नहीं। इलाज करवाने की पड़ी भी किसे है जी? क्योंकि हमारी जानिब साड़ी से ज़्यादा सेक्सी और साड़ी से ज़्यादा शरीफ़ाना लिबास दुनिया में शायद ही कोई होगा।

साड़ी यानी कुछ गज़ का ऐसा नाज़ुक नीमजान कपड़ा जिसके अन्दर कैसी भी कोई भी नारी समा सकती है। लिबास जो किसी भी क़िस्म के मौक़े और माहौल के माफ़िक मालूम होता है। लियाक़त झलकाती ऐसी पोशाक

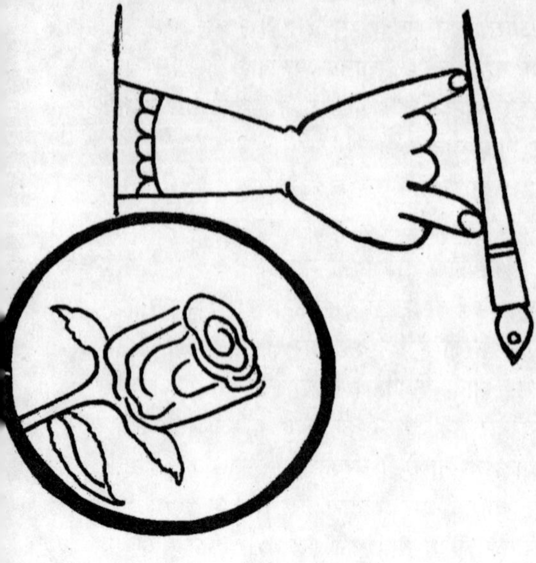

कि ब्लाउज़ के तौर-तरीक़ों और बाँधे जाने की तहज़ीबों के दम पर मनमाफ़िक छब की छाप छोड़ सकती हैं हम। अठखेलियों वाली अंगिया के गले की गहराइयाँ कितनी होती हो? पेटीकोट का इज़ारबन्द बलखाने को बेताब कमर की सरहद पर कहाँ बाँधा गया है? पलायनवादी पल्लू को कितने डिग्री पर सीने से जाने की इजाज़त दी गयी है? और उसे काँधे से गिरने के लिए बस्कुए जैसे

बीच के बिच्छू का इन्तज़ाम किया गया है कि नहीं? बस इन जैसे मामूली फ़र्क़ से साड़ीवालियाँ क्या से क्या दिख-दिखा सकती हैं। ग़रज़ यह कि साड़ी और औरत का ऐसा पुराना और गहरा नाता है कि कितने भी नये लिबासों की आमद होती रहे साड़ी के सदके जानेवालियाँ सदा थीं और रहेंगी जी।

देखिए जनाब मुझे तो लगता है कि साड़ी के डिज़ाइनों की कल्पना करने वाले फनकारों की कल्पना-शक्ति के आगे अच्छे ख़ासे शायरों और चित्रकारों की कल्पना पानी भरती देखी जा सकती है। बेलबूटों, फल-फूलों, फ़रिश्तों, फ़क़ीरों, पेड़-पौधों, परिन्दों, परियों से लेकर इंसानी सभ्यता के आदिम इतिहास तक को साड़ी पर इस दिलकश अन्दाज़ में उकेरा देखकर बनाने वालों के लिए दिली दुआएँ निकला करती हैं। ऐसे-ऐसे सम्पन्न डिज़ाइन कि क़ुदरत भी दाँतों तले अँगुली दबा बैठे। साड़ी पर पूरी कायनात को लेकर चलनेवालियाँ एक पल को तो दुनिया की सबसे अमीर और ख़ुशपोश औरत दिखाई देती है। तरह-तरह की कशीदाकारी, गोटाकिनारी, मीनाकारी से सजी साड़ी की आराइश में लिपटी हुई औरत मलिका-ए-जहाँ से कम मालूम नहीं होती।

अरे आप मानें न मानें साड़ी से बढ़कर कोई और लिबास हो ही नहीं सकता जो हमारी जमात की औरतों का सच्चा हमदर्द हो। ज़रूरी हमसफ़र हो। वफ़ादार साड़ी कभी दग़ा नहीं देती। अचानक फूलकर फ़ुटबॉल बन जाएँ या किसी हादसे से सूखकर काँटा हो जाएँ। तराशी हुई क़लमी काया की होती हों या माशाअल्लाह खाते-पीते बलिष्ठ बदन की मोहतरमा। यह लिबास पहनने वालियों का साथ आख़िरी नफ़स तक क्या कई पुश्तों तक निभा जाने की क़ुव्वत रखता है। जनाब और लिबासों की नाफ़रमानी की क्या कहें। कुछ वक़्त ट्रंक से न निकालो तो अपनी मालकिन को पहचानने तक से साफ़ इनकार कर सकते हैं। पर साड़ी आपके जिस्म के मनमौजी हुक्म का इस ख़ामोशी से पालन करती है कि कई बार तो तरस आ जाता है। दिल बोल उठता है कि मुई शादी के पहले साल जैसी थी आज दस साल बाद भी वैसी ही फ़रमाबरदार है। ज़माने की ज़रा भी हवा नहीं लगी इसको। अगरचे छिपाने का इरादा हो तो ऐसी तरकीब से लपेटी जा सकती है कि आपके बदन की सारी ख़ामियों पर पर्देदारी कर देती है। ऐसे कि देखने वाला मन मसोसकर मुँह फेर ले या साड़ी की बेल-बूटियों की सीक्वेंस

और क़ीमत के आगे कुछ भी सोचने की अपनी तमाम तमन्नाओं का ख़ुद ही गला घोंट डाले। ग़र दिखाने की तमन्ना हो तो हुस्न के ज़र्रे-ज़र्रे को परोसने में कारगर जुगत साबित होगी।

देखिए हमारी यह प्यारी साड़ी सीरत की ऐसी भलीमानस है कि सरेमहफ़िल जलव-ए-हुस्न बिखेरने के मेरे हसीन इरादों को निहायत ही खूबसूरत अंजाम दे जाती है। ऐसे कि कोई तोहमत पहनने वाली के सिर न आने पाये। पल्लू का काँधे से सरकना और कमर से ज़रा नीचे को खिसकना। ऐसे कि बदन की तराश से लेकर लचक तक का नज़ारा लेने के ख़्वाहिशमन्दों पर अच्छा ख़ासा करम हो जाए। कँटीले कटि-प्रदेश के प्रदर्शन से लेकर नाभि से निकलती नाभिकीय ऊर्जा के विकिरण को पूरे आलम में ऐसी फनकारी से बिखेर सकने वाला है कोई और लिबास तो बताइए। अजी फ़िरंगनों वाली क्रॉप टॉप और लो वेस्ट जींस की तो बात कीजिए मत। इसलिए मत कीजिए कि उसके लायक़ निहायत ही पेंसिलनुमा काया का निर्माण हमारी जमात की औरतों के बस की बात है ही नहीं। हम औरतों का मध्यप्रदेश से चौकोर होने को बेताब बदन बहुत जान देने पर भी कमर से भले ही भीतर जाने की नौटंकी दिखा लेता है पर कमर से ऊपर और नीचे तो ऊपरवाले की अपार कृपा बरसती ही रहती है। तो बहन ऐसी पोशाकों को क्या तवज्जो देनी जिनको पहननेवाली के जिस्म से कोई वास्ता, कोई लगाव ही न होता हो?

एक राज़ की बात बताऊँ आपको? साड़ी में ख़ुशपोशी का गुमान करती औरत अन्दर से बेहद कोफ़्त और तकलीफ़ में होती है। इस लिबास की सारी दिक़्क़तों को बाख़ुशी सर लेने वाली औरतों को कभी यह जानने की तमन्ना नहीं होती कि साड़ी के लिए इस इश्क़ में वो कितनी रवायतों की गुलाम हैं और कितनी इस लिबास के तिलिस्म की मारी हुई हैं। देखिए मेरी बात छोड़िए मैं तो हूँ एक नये ज़माने की, खुले मिज़ाज की आज़ाद औरत। दो दिन लगातार साड़ी में स्टाइल मारने के बाद अपनी जींस कुर्ती पर उतर आने वाली, औरत-मर्द की बराबरी के नारे बुलन्द करने वाली, देह की सहूलियत वाले चुस्त और बिन्दास लिबासों की हिमायती। फिर चाहे वो मर्दाने तेवर वाले लिबास होते हों या आपकी जमी हुई सोच से घोर खिलवाड़

करने वाली काट के होते हों।

कभी-कभी साड़ी के क़हर से कराहनेवालियों के हाल देखकर मन खट्टा हो उठता है। सड़कों की सफाई पर आमादा रहने वाली, यहाँ-वहाँ उलझकर, पहननेवालियों को उलझन में डाल देने वाली, भीड़ भरी मैट्रो और बसों में खुलकर अस्मत की नुमाइश लगवा देने वाली, पेट की चर्बी, सफ़ेद लकीरों और सीने के सैलाब का मजमा लगवा देने वाली इस साड़ी पर एकाध दफ़ा तो मुक़द्दमा दायर करने का मन हो उठा है। चिलचिलाती गर्मी में डेढ़ सौ रुपये वाली नायलॉन साड़ी में घरों में बर्तन माँजती महरी के पेट पर पसीने और इज़ारबन्द से बन गये ज़ख्मों पर हमें गुस्सा आना चाहिए। एक हाथ की कुहनी मोड़े रखकर पल्लू सँभाले रहने और चुन्नटें समेटते रहने की क़वायद से बग़ावत होनी चाहिए। गर्म मौसम में साड़ी की तहों के नीचे भभक कर पिघलती हुई टाँगों की लाचारगी पर तरस आना चाहिए। स्कूलों की टीचरों और पेशेवर औरतों की साड़ीजन्य असुविधा पर हमें कोफ़्त होनी चाहिए। साड़ी के इमोशनल अत्याचार से दुविधा होनी चाहिए। पर नहीं जी। ऐसा जुल्म अपनी अज़ीज़ पोशाक पर हमसे तो न हो पाएगा।

जानते हैं आप? हर तरह के आज़ादी भरे और सहूलियत देने वाले लिबासों के सुख भोगने के बावजूद घूम-फिरकर हैंगरों पर मायूस-सी लटकी साड़ियों के लिए हमारे सीने में ऐसा मोह उमड़कर आता है कि हम अपने तमाम दुखों को भूलकर बिछड़ी सहेली साड़ी को सीने से लगा बैठती हैं। आह हमारी सर्वगुण सम्पन्न लाडली साड़ी। आह हमारे नारीत्व की कमनीयता को ज़ुबान बख़्शने वाली राजदुलारी साड़ी। इसलिए कहती हूँ जी कि कुछ अक़्लमन्दी और कुछ जुगत पहनने वालियों की भी तो होनी चाहिए कि कब, कहाँ, कैसे और कौन-सी साड़ी पहनी जाए या कोई और पोशाक पहनी जाए। बिलावजह किसी बेक़ुसूर, बेज़ुबान और मासूम लिबास की बदनामी करना कहाँ की नेकनीयती है मोहतरमा?

इसलिए जाने दीजिए। साड़ी पर कोई सियासत नहीं। साड़ी के सदक़े जाऊँ। साड़ी ज़िन्दाबाद।

हुस्नखेज़ी का हुनर

मलिका-ए-हुस्न बनकर निकलनेवालियाँ अक्सर ही यह फ़ैसला कर नहीं पातीं कि वे दिलकश लग भी रही हैं या नहीं और न ही यह जानती होती हैं कि वे आख़िर किसके लिए सजा-सँवरा करती हैं। हाँ, पर वे यह शर्तिया जानती होती हैं कि जिस दिन यूँ ही मुँह उठाकर बेनूर-सी घर से निकल पड़ती हैं उस दिन कुछ नागवार सा ज़रूर घट जाता है और मूड ख़राब और उखड़ा हुआ रहता है। किसी काम में जी नहीं लगता और लोग कन्नी काटते से लगने लगते हैं।

मैं चूँकि एक ख़ुशबाश क़िस्म की औरत हूँ इसलिए घर से निकलते हुए दसियों बार आईने से अपने ख़ूबसूरत लगने की तस्कीन करवाकर ही निकलती हूँ। अजी आप बेशर्मी की तोहमत न ही लगाएँ मुझपर तो अच्छा, क्योंकि एक शोख़ और सजीली औरत के पास से गुज़र जाने पर एक लम्हे को ही सही आप में हलचल हो ही जाया करती है। मेरा तो ज़ाती तज़र्बः है कि जिस दिन शोख़ और ख़ुशअदा बनकर निकलती हूँ वह दिन रौनक़ भरा-सा लगता है। दरवाज़ा खोलने वाला अर्दली उस एक बकवास से काम को भी ग़जब की चुस्ती और अदा से करता पाया जाएगा। एक पल पहले ही घिन भरी उबासी लेने वाला लिफ्टमैन यकायक ही अदब और ताज़गी से शराबोर दिखने की कोशिश करता पाया जा सकता है। तने हुए चेहरे से स्क्रीन के अन्दर धँसा हुआ सहकर्मी मेज़ की दराज़ से उलझ बैठे हमारे आँचल को प्यार भरी मुस्कान से छुड़ाता पाया जाएगा। हाथों से कुछ छूट कर गिर पड़े तो उठाकर थमाने वाला ख़ुद ही शुक्राने भरी निगाहों से आपको देखता होगा। यही नहीं लोगों से रास्ता पूछने या छुट्टा पैसा माँगने

के वक़्त भी अदब और रग़बत से चमकते हुए चेहरे को पढ़ा जा सकता है जनाब। मैं क्या कहूँ कि मैं तो ख़ुद इस तरह की सनसनी फैलाने के असर से मज़ा हासिल करने की शौक़ीन हूँ।

कमाल करते हैं आप बीवी हूँ तो क्या हुआ। बीवियों के सारे शौक़ सारी चाहतें सारी हसरतें अपनी ज़िन्दगी के इकलौते मर्द यानी शौहर से ही पूरी होती हों तो ठीक। ग़र नहीं, तो क्या उसे अपनी चाहतों को गठरी में बाँधकर परछत्ती पर पटक देना चाहिए? ग़र बीवी अपने किसी हुनर या नेकसूरती के लिए किसी पराये हुस्नपरस्त मर्द द्वारा देखी और सराही जाती हो और उसे इस दीदबाज़ी में कोई बुराई न दिखाई देती हो तो आप उस पर बेहयाई की तोहमत लगा देंगे?

जिस शौहर को रोज़ एक ही बीवी को देख-देखकर उकताहट होती हो और वह उसे छिपा भी न पाता हो। जिस पति को किसी ख़ास दिन सज-धजकर सामने आन खड़ी हुई बीवी की नयी पोशाक और बनाव-सिंगार में बदलाव तक का पता देखने की न तो फ़ुर्सत होती हो और न ही समझ होती हो। जिस पति के लिए बीवी का पहनाव, शृंगार इसलिए फालतूपने की चीज़ होता हो क्योंकि वह हर रात की तरह उस रात भी कहीं और मुँह न मारने का अहसान करते हुए अपनी बीवी के साथ ही सोने वाला है। ऐसा ग़ाफ़िल शौहर जब बीवी को सालों पुरानी नज़रों से ताककर मायूसी के भाव से मुँह नीचे कर ले तो आप इसे हुस्न की तौहीन नहीं मानेंगे? अजी जैसा भी है हुस्न ही है क्योंकि हर औरत हर वक़्त नहीं तो कभी न कभी तो चाहे और सराहे जाने की हसरत रखती है। ऐसी नाचीज़ सी हसरत कि कोई उसकी

तरफ़ एकबारगी ही सही नयी-सी नज़र से देख भर ले। इतनी सी आरज़ू कि कोई उसे ताज़ी ख़ुशनीयत भरी चितवन से शराबोर कर दे।

पर जनाब कोई बीवी हुस्नख़ेज बनकर बिजलियाँ गिराने की अपनी चाहत का खुलासा करे ऐसी कच्ची नहीं ही होगी न। आपसे तो क्या ख़ुद तक से इस लुच्चे इरादे को छिपाकर रखेगी एक सलीकापसन्द बीवी। मारी-मारी फिरकर लिबास ख़रीदा करेंगी। मैग़ज़ीनों से नयी-नयी हिरोइनों के सजने-सँवरने की नक़ल किया करेंगी। कहीं जलसे में शामिल होने के लिए भारी-सी तैयारी किया करेंगी। पार्लरवालियों का भेजा खाकर मनपसन्द काम लेने के लिए उनसे चिकचिक तक करेंगी। पर आख़िरकार जब सज-धजकर घर से निकलेंगी तो मन में यही शंका बनी रहेगी कि महफ़िल में कौन क्या कहेगी। कौन उनसे ज़्यादा दिलज़ू बनकर दिल जलाने की फ़िराक़ में मिलेगी और किसका लिबास ज़्यादा ध्यान और जलन बटोरता मिलेगा। ऐसी ही पस्तख़याली से भरी सीधे जाकर औरतों के हुजूम में ठुँसकर गुमनाम। कोनों में जाकर एक-दूसरे से पल्लू में पिन ठुँसवाते हुए, बहती हुई लिपस्टिक सही करवाते हुए और 'मेरी ब्रा की तनी तो नहीं दिख रही न', 'मेरा पेटीकोट साड़ी से बाहर तो नहीं निकल रहा न'—जैसे कई सवाल एक दूसरे से पूछते हुए बगल से गुज़रती हुई डीप नेक और बोल्ड लुक्स वाली हसीना पर हॉ-हाय वाले भावों की अदल-बदल किया करेंगी। और कुछ न हुआ तो देवरजान सरीखे मर्दों की 'भाभीजी आप तो आज ग़ज़ब ढा रही हो' सरीखी रस्मी हुस्नअफ़ज़ाई पर झेंपी हुई झल्ली हँसी हँस दिया करेंगी। जनाब इतनी तकलीफ़ से सजकर भी ख़ाली हाथ ही लौटना? उन हसरत भरी जानलेवा तैयारियों का ऐसा अंजाम?

हाँ आप सही कहते हैं जनाब कि हमारी जमात में कौन औरत ख़ुद के लिए सजती है? किसे अपनी मर्ज़ी से सजने का मन होता है? कहाँ पायी जाती हैं अपने अन्दर की ख़ुशनुमाई को पहचानकर उसे अपने चेहरे पर नूर की तरह चमकने देनेवालियाँ? दूसरों की नज़रों से ख़ुद को देखने से बेपरवाह रहनेवालियाँ। ख़ुशअदा, ख़ुशबाश सजनेवालियाँ?

मोहतरमा हुस्नख़ेज़ी भी एक हुनर है।

अक्स करे सवाल

टीचर्स डे और फेयरवेल पर पहली बार साड़ी और हील पहनकर चलती लड़कियो! शायद तुमने इस भयावह रवायत पर यक़ीन कर लिया है कि ख़ुद को ख़ुशी-ख़ुशी कष्ट और असुविधा में रखकर दूसरों की नज़र में सुन्दर दिख पाना ही स्त्री धर्म है।

असुविधाजनक परिधानों के बन्धनों में रपट खाने और ऊँची हील की नोकों पर लुढ़कने को नज़ाकत समझने और इस नज़ाकत को सुन्दरता समझने के वहम से निकलो। तुम सुन्दर बनो पर दूसरों के लिए अपनी आज़ादी और सुख की क़ीमत पर नहीं। बस अपने लिए सुन्दर बनना शुरू करो। तुम पाओगी कि तुम धीरे-धीरे सुन्दर बन रही हो, सबको सुन्दर दिख रही हो। सुन्दर और सहज।

ताले जज़्बातों वाले

हँसी का टैक्स

मेरी यह मजाल कि आपकी बातों से नाइत्तेफ़ाक़ी जताऊँ? मोहतरम आपकी बात सौ फ़ीसद सच है कि हमारी जमात की लड़कियाँ हर जगह, हर बात पर, हर किसी के साथ और हर समय बेतकल्लुफ़ी से हँसी-ठट्ठा नहीं किया करती हैं।

बिल्कुल ठीक कहते हैं आप कि मर्दों के साथ मर्दों की तरह हर समय ख़ुशगप्पियों के लिए आमादा रहना भी कोई सलीक़ा हुआ भला। शराफ़त, नज़ाकत, अदब और शऊर भी तो कोई चीज़ है कि नहीं। माना कि ख़ुशअन्दाज़ी एक अच्छी आदत है पर मौक़ा और माहौल देखे बिना हँसी-ठट्ठे में लगना औरतों की तरफ़ से मर्दों को ख़तरनाक सिग्नल हो सकता है। ख़ुशमिज़ाज औरत यानी खुली और खाली औरत। बाल बच्चों पति की ज़िम्मेदारियों को बेईमानी से निभाने वाली औरत। यानी मर्दों को लाइन मारने के लिए खुलेआम उकसावे देती तमाशाख़ानम। आपके हिसाब से एक तफ़रीहबाज़ औरत यानी जिसके पास वक़्त और फ़ुर्सत की कोई कमी नहीं पर जिसकी ज़ाती ज़िन्दगी में कोई ऐसी कमी ज़रूर होगी और जिसे वह ज़माने से छिपाती रहती है और परायों के सामने और ग़ैरों के साथ चेहमेंगोइयों में मशगूल रहा करती है। वाह सदके जाऊँ आपकी दलीलों के।

जनाब, मर्द ख़ुशमिज़ाजी की बातें करके सरे महफ़िल अपनी उदार मर्दानगी का मजमा लगाएँ और चारों तरफ़ की लुगाइयों और लड़कियों के दिलों पर अपनी धाक जमाने की फ़िराक़ में लगे रहें। लेकिन औरतों को महफ़िलों में लतीफ़ेबाज़ी करते, ज़िन्दादिली के क़िस्से सुनाते या ख़ुद पर हँसकर औरों को हँसाते और इस तरह सारी महफ़िल का ध्यान लूट लेने की जुर्रत करते आप नहीं देख पाते। हाँ क्यों नहीं? ऐसी हँसने-हँसानेवालियाँ होती

भी तो कितनी कम हैं। जबकि हर भरी महफ़िल में एक चुहलबाज़ी करने वाला, लतीफ़े छोड़ते रहने वाला मर्द अक्सर पैदा हो जाया करता है। ऐसा मर्द हँसी की दीवानी औरतों को चुटकियों में भा सकता है। मर्द की ऐसी ख़ुशमिज़ाजी उसे नरमदिल, पाक़दिल और सहज इंसान घोषित कर सकती है। जबकि हो सकता है यह उसकी महज़ ऊपरी परत होती हो जबकि हो वह मामूली क़िस्म की बातों तक पर झींकने और कुढ़ने वाला एक आम मर्द। पर दस लोगों में जमा हुआ अपनी ख़ुशफ़हमी बिखेरता हुआ वह औरतों को एक ऐसा मर्द लग सकता है जिसकी सोहबत में सुरक्षा और सहजता का नरम एहसास पाया जा सकता है। जो मर्द अनप्रेडिक्टेबल न होता हो। जो बात-बात पर दूसरे मर्दों की तरह घर की औरतों पर झल्लाना-चिल्लाना और रोब ज़माना नहीं किया करता होगा। जो ज़िन्दगी को हरदम एक हसीन ख़्वाब की तरह जिया करता होगा और जिसकी संगत में रहकर ज़िन्दगी बेहद ख़ुशनुमा और जीने के क़ाबिल मालूम होती हो।

ग़ालिबन यह सच है पर क्या महज़ औरतों की फ़ितरत है कि उन्हें ख़ुशमिज़ाजी पैदा करने में कोई ख़ास दिलचस्पी नहीं हुआ करती और हद से हद वे मर्दों के मज़ाकिया बयानों और लतीफ़ों पर मुस्कुराकर ख़ुद पर एक एहसान-सा कर दिया करती हैं। क्या आपको अचरज नहीं होता कि औरतें अक्सर अपने लिए मुस्कुराने और हँसने की लक्ष्मण रेखाओं को सामने वाले के मंसूबों का बारीक मुआयना करने के बाद ही तय किया करती हैं। जनाब माजरा यह है कि 'हँसी तो फँसी' के वहम की गिरफ़्त में जवाँ हुई लड़कियों को पेशेवराना रिश्तों में, महफ़िलों में हँसने के लिए ख़ुद की पस्तहिम्मत को जिलाना पड़ता है। जिन लतीफ़ों पर लोग हँस-हँस कर दुहरे हो सकते हैं उन तक पर हँसते हुए ख़ुद को संयम और अदा की हद में रखने वाली लड़कियों को यही वहम खाए जाता है कि बत्तीसी दिखाकर हँसने के वक़्त वे देखने वालों को कम खूबसूरत या वाहियात यहाँ तक कि मर्दानी भी लग सकती हैं। फूट पड़ने को आमादा हँसी के वक़्त चेहरे को हाथों से या दामन से नज़ाकत से ढाँप लेनेवालियों के हुस्न में आप शेर पर शेर कह सकते हैं पर पेट पकड़कर, जबड़ा खोलकर बाआवाज़ हँसती औरतों को देखकर आपको अटपटा लगता है। आपके पास बेखटके हँसने

वालियों के चरित्र पर कुछ राय बना लेने की वाज़िब वजह पैदा हो जाया करती हैं। अरे अरे नहीं बुरा मत मानिए। आप तो कइयों के मुक़ाबिले कहीं ज़्यादा उदार हैं क्योंकि आप लड़कियों की हँसी की खनक से कोई परहेज़ नहीं रखते बशर्ते कि वे अपनों के बीच अपने घर-ख़ानदान में जैसे जी चाहे हँसा करें पर बाहर निकलें तो देख-परख कर पक्का यक़ीन कर लेने के बाद ही कायदे में रहकर ठिठोलियों पर हँस लिया करें।

यक़ीन मानिए आप उस बिरादरी के लोग हैं जिनको यह लगता है कि ग़र उनके सामने कोई हँसी-मज़ाक़ों पर ज़िन्दादिली दिखाने वाली पड़ जाए तो कुछ ही वक़्त में आपको उसके साथ ऊलजुलूल मज़ाक़ करने की तलब भी उठ सकती है। आप ज़रूर सोचा करते होंगे कि जब आप ख़ुद उस तलब का शिकार होकर लतीफेबाज़ी में हदें पारकर दिल की भड़ास निकालने वाले वाहियातपने पर उतर सकते हैं तो आपके घरों की औरतें भी तो दूसरों की इस तलब का शिकार बन सकती होंगी। आपको हसीनाओं की खनकती हँसी शायराना लगती है पर घर-बिरादरी की औरतों की बेलौस हँसी से आप परहेज़ किया करते हैं।

देखिए जो भी हो हँसी के, ख़ुशमिज़ाजी के अपने हक को पहचानने और आज़माने वालियों की जमात दिन-ब-दिन दुगुनी होती जाने वाली है। यह और बात है कि हँसने की फितरतवालियों की इस नयी जमात को अपनी निहायत क़ीमती हँसी को ऐसी-वैसी बातों पर या अपने अदब से नीचे की जगहों पर लुटाने का मन नहीं किया करता। हँसने का साथ भी हर ऐरे-ग़ैरे को दे-देने की शै नहीं मालूम होता। जनाब यह ख़ज़ाना जिस-तिस पर लुटा देने की ग़रज़ से तो कतई नहीं है। हमारी हँसी हमारी मिल्कियत है जिसकी हिस्सेदारी करने वालों का भी एक दर्ज़ा होना चाहिए न। यूँ भी काम की संजीदगियों के बीच हँसी की मौज में बह जाना काम के साथ नाइंसाफ़ी का और ख़ुद की बदचलनी का सबूत लगा करता है। आप ऐसे समझिए कि मैं तब हँसना पसन्द कर पाती हूँ जब दिल ही दिल में पेशतर ही हँसने का तय कर लिया हो। जी अगर आपको लगता है कि आप उस हँसी की तलब पर तालाबन्दी करने में कामयाब होते जाएँगे तो आप किसी ग़फलत में हैं जनाब।

क्राई एंड रूल

मैं अक्सर सोचती हूँ कि मैं आख़िर क्यों रोती हूँ?.

ख़ुदा क़सम मैं नहीं जानती होती कि इस ज़िद्दी ज़ालिम ज़माने के पास मुझे अश्करेज़ कर देने के सौ तरीक़े हैं या मैं ख़ुद ही अपने अश्कों को ज़माने के ख़िलाफ़ हथियार बनाकर रो दिया करती हूँ। बचकानी बातों पर रोना जब आप छोड़ चुके थे, ठीक तभी मैंने बड़ों वाली बातों पर आँसू बहाना शुरू किया होगा। आप जिस उम्र में अपने गुस्से और तैश के औज़ारों को पैना कर रहे थे तब मैं जायज़-नाजायज़ बातों पर रोने-बिलखने को अपनी आदत ही नहीं आख़िरी अस्त्र मान चुकी थी जनाब। मैं तो किसी भी मसले को दिल से लगाकर रोने बैठ सकती थी। भाई की मार पर, बदले में बराबर का न मार पाने पर। सब मुझसे ही पानी माँगते हैं जैसी ग़ैरबराबरी पर। सहेलियों के साथ पिक्चर और शॉपिंग जाने की मनाही पर। लड़कों से दोस्ती को लेकर घरवालों की लताड़ खाने पर। आँखों से गंगा बहाते हुए अक्सर मैं यह भी नहीं जान पाती थी कि आख़िर मैं दुःखी हूँ कितनी और दुःखी हूँ भी कि नहीं।

आलीजाह हम बचपन में एक खेल खेलते हुए गाया करते थे 'एक लड़की धूप में बैठी रो रही थी, उसका साथी कोई नहीं, उठो सहेली आँसू पोंछो अपना साथी ढूँढो'। मैं अक्सर घुटनों में मुँह छिपाए ज़मीन को ताक़ती उदास लाचार लड़की में तब्दील हो जाती और बाकी सब सखियाँ आसपास गोल दायरे में घूमा करतीं। मुझे याद है कि तब मैं कितनी गहरी टीस महसूस किया करती

थी। दराज़ में फँसकर पसन्दीदा महँगी साड़ी का आँचल फट जाने जैसी किसी भी मामूली वजह से लेकर तुममें अपना सच्चा हमदम न तलाश पाने की तड़प जैसी संजीदा बातों पर मैं आज भी रो दिया करती हूँ। कमाल है!

अजी जानती हूँ कि तुम्हें अक्सर मेरे आँसुओं से कोफ़्त हो जाया करती है पर मुझे याद हैं वो गुज़रे दिन जब तुम्हारे कन्धे पर सिर रखकर मैं ज़ार-ज़ार रोया करती थी और तुम्हारे चेहरे पर आ गये सार्थकता के एहसास को क़रीब से देखा करती थी। वो तुम ही थे न जो अपने हाथों से मेरा नम चेहरा पोंछते हुए कहा करते कि "डार्लिंग तुम्हारा हर आँसू मेरे लिए मोती से भी क़ीमती है" पर अब तुम बदल से गये हो। तुम्हें मेरा रोना इमोशनल मैलोड्रामा लगता है अपनी ज़िद को मनवाने का हथियार लगता है। पर क्या करूँ मजबूर हूँ मैं जानी! ये अश्क भी मेरी ज़ुबान ही तो हैं। वैसे भी खाली लफ़्ज़ों से मेरी कोई बात समझ ही कहाँ पाते हो अब। जब तुम खीजकर मुझपर चिल्लाते हो बस मेरा गला रुँध-सा जाता है। कैसा तो सितम है जी मुझे हारकर तो रोना ही होता है जीतने के लिए भी अक्सर रोना पड़ जाता है। तुम भी तो मुझे और मेरे दुख को जायज़ मानने की शुरुआत ही मेरे रो पड़ने के बाद किया करते हो।

ऑफिस में आज का दिन बुरा गया, महरी ने बिन बात की छुट्टी मार ली, तुम्हारी माँ ने जलती हुई बातों के नश्तर चुभोए, प्री मैंस्ट्रुअल क्रैम्प्स सहे नहीं जा रहे जैसी किसी भी बात पर दिल में भरा हुआ कई दिनों का गुबार बस आँखों के रास्ते ही तो निकल पड़ता है। जनाब आँसुओं का सैलाब थम जाने के बाद कैसी ठंडक भरी राहत और हल्कापन सा महसूस होता है आप क्या जानें। फिर से नयी मज़बूती भरती-सी महसूस होती है।

संगदिल मर्द अपनी ज़िन्दगी में शायद दो-चार बार ही आँसू बहाते होंगे। आपको शेयर मार्किट में लगाये पैसे के डूब जाने या किसी अपने के मर जाने जैसी वाजिब वजहें चाहिए रोने के लिए। पर हम औरतें किसी भी परेशान कर सकने वाली बात पर रो सकती हैं। यह हमारा जन्मजात हक़ है। दुःख को मनाने और जताने का ज़ाती तरीक़ा। हाँ हाँ क्यों नहीं जनाब, हारने से पहले जीतने का रास्ता हैं ये आँसू। कोई हमसे हमारा सारा सुख-चैन,आराम, प्यार, खुशियाँ छीनने की क़ुव्वत भले ही रखता हो पर

हमारा रो सकने का अधिकार दुनिया की कोई भी ताक़त हमसे छीन नहीं सकती। वैसे भी कभी भी किसी भी बात पर आँखों में आँसू न ला पाने वाली औरत को यह ज़माना पक्की और खालिस मर्दानी कहकर कितनी शक भरी नज़रों से देखता है। अजी सौ बातों की एक बात। जैसे रोता हुआ मर्द मर्दाना नहीं लगता, वैसे ही सूखे हुए टीयर ग्लैंड्स वाली औरत कभी किसी को फेमिनिन लगी है क्या?

न न, मैं किसी को अपने आँसुओं पर पाबन्दी लगाने का मौक़ा देने वाली नहीं। तुम्हारी टफनेस तुम्हें मुबारक, मैं तो मौका पड़ते ही अश्क बहाने वाली ड्रामा क्वीन भली।

सितमगर है ये दुनिया जिसे मेरी झूठी मुस्कान सुन्दर और सच्चे आँसू बुरे लगते हैं।

रफूगर बीवियों का गुस्सा

जनाब ज़माने की तो फितरत ही है हसीनाओं के गुस्सेदार रुख़ पर मर मिटना। पर बेस्वाद बीवियों का कुड़कुड़ाना, झींकना, चीखना किसे हसीन मालूम होगा, निरा उबाऊ और घरेलू क़िस्म का गुस्सा। नज़ाकत और अदा के जलवे से आरी।

वो क्या है न कि हम घरवालियाँ जब गुस्सा करने पर उतरती हैं तो यह भूल जाया करती हैं कि घरवाला इसलिए नहीं घर लौट कर आ जाया करता है कि आते ही एक सूर्यमुखी मोहतरमा का तमतमाता चेहरा देखने को नसीब हो। बाहर की उठापटक वाली दुनिया से दो-दो हाथ करने के बाद घर में भी एक क्लेशन और बक्की औरत से सामना होने से हर पति को वहशत ही तो होगी। बात-बेबात अपने गुस्से से घरवालों को दहशतज़दा करने पर उतारू बीवी यह नहीं समझती कि उसके गुस्से के सिलसिलेवार एपिसोड घर में चलते हुए टीवी के लावारिस शोरोगुल के माफिक ही दो कौड़ी की औकात रखा करते हैं। बीवियाँ जो हर मुमकिन-नामुमकिन, मामूली-ग़ैरमामूली बात पर अपने मूड की कमान खींच लिया करती हैं। बीवियाँ जिनको लगता होता है कि उनके सिवाय घर भर के लोग ऐश मनाते हुए मस्त रहा करते हैं। बीवियाँ जिनकी परवरिश में ही एक जुमला पिला दिया जाता है कि जब सामने वाला गुस्सा कर रहा हो तो चुप रहकर हालात को क़ाबू कर लेना समझदार औरत की निशानी होती है। बीवियाँ जिनको गुसलखाने की बेकार जलती लाइट से लेकर बाज़ार से सामान लाने से कन्नी काटते घरवालों पर खीज आया करती है। बीवियाँ जिनके काम में एक भी नुक्स निकाल दिए

जाने पर वे पहले दुखी हो जाया करती है और फिर उस दुखाग्नि की आँच के बावजूद भी मस्त रह रहे घरवालों की बेरहमी पर ख़फ़गी जताया करती हैं। बीवियाँ जिनका चेहरा भले ही कितना भी उतरा हुआ, बुझा हुआ, सूजा हुआ, रोया हुआ क्यों न होता हो उनके हाथ-पैर अपने कामों को अपनी नियति मानते हुए एक मशीनी मुस्तैदी से निपटाया करते हैं। बीवियाँ जो जानती है कि किस वक़्त, कितना और किस ढंग का गुस्सा जताना है और कब गुस्से को पी जाना है और किसी मुफीद मौक़े पर किन अल्फ़ाज़ों में किसके सामने उगलना है। बीवियों की तर्बियत ही ऐसी होती है जनाब कि जाने कब का गुस्सा किस नाज़ुक मौक़े पर उनकी कमान से पैने तीर की मानिंद निकलेगा और आपके दिल, दिमाग़ या गुर्दे में से किसे चीरता हुआ आपका क्या हश्र करेगा, कितनी भी जान झोंक डालें लेकिन आप नहीं समझ सकते जनाब।

बीवियाँ कोई मर्द थोड़े न हैं जो अपने गुस्से को ग़ैरज़िम्मेदाराना तरीके से निकाल-विकाल कर मस्त होकर रहा करें। मर्द जिनका गुस्सा वक़्त की नज़ाकत की नाप-तोल किये बिना बरसाती नदी का उफ़ान लिए हुए निकल पड़ता है और बीवी के नाचीज़ गुस्से को नेस्तनाबूद करते हुए गुज़र जाया करता है। देखिए, गुस्सा करता हर शौहर मर्दाना लगता है। मर्द जिसके आगबबूला हो उठने पर बीवी के गुस्से के ख़राब ब्रेक भी यक ब यक काम करने लगते हैं और वे नर्म पड़ने लगती हैं। मर्द जिसके गुस्से की ज्वाला में घर के सामानों तक की ख़ैरियत का भरोसा नहीं हुआ करता। मर्द जिनके गुस्से की हुंकार से पैदा हुई दहशत में बीवी को अपनी गृहस्थी की नैया ख़तरे में दिखाई पड़ने लगती है। ऐसी ख़ौफ़ज़दा हो गयी बीवी की घास चरने गयी अक्ल अचानक ठिकाने लगती है और चन्द पलों

में उसे अपने गुस्से के सारे वाजिब कारण मामूली लगने लगते हैं। ऐसे ताप में घर छोड़कर बाहर जाते अंगारा पति की बजाय पति का वही ठण्डा रूप काम्य लगने लगता है जब पत्नी के गुस्से को अनसुना कर पति अख़बार में तल्लीन हुआ मिलता था। अहा! कितने तो प्यारे थे पिछली भिड़न्तों के वे वाकये जब बीवी जी-भर बड़बड़ाया-सुनाया-जताया-झींका करती थी और पति अपना एक भी बाल बाँका करवाए बिना सुन्न अवस्था में किसी काम में लीन हुआ करता था।

क्या सही तर्बियत है जनाब कि मर्द अपने उबलते गुस्से से तुरन्त फारिग होकर किसी ज़रूरी काम में तल्लीनता से लगे हुए दिख सकते हैं जबकि गुस्से से भनभनाई बीवियाँ किसी चलताऊ से सिनेमा तक में दिल लगाने लायक़ नहीं बचा करतीं और ग़र किसी अफ़साने से दिल बहलाना चाहें तो एक ही पैरा को पाँचवीं बार पढ़कर भी जेहन में उतार नहीं पा सकतीं। गुस्साई हुई ख़वातीन की ख़फगी उन्हें इस लायक़ छोड़ती ही कहाँ है कि वे किसी भी तरीके से अपनी उदासी से, बेचैनी से, पस्तअन्देशी से निजात पा सकें। देखिए मुझे तो लगता है कि यह अपने गुस्से की ख़ातिर उनका सम्मान और नाज़ुकमिज़ाजी ही है वरना मर्द और औरत में फ़र्क़ ही क्या रह जाए?

ओहो कैसी बातें करते हैं जनाब? जिस औरत की ज़ाती दुनिया इतनी ज़ालिमाना हो उसके दिल में दूर की दुनिया में या किसी और तबके की औरतों और मासूमों पर हो रहे ज़ुल्मो सितम पर गुस्सा आने लायक़ वास्ता कैसे पाएँगे आप? आप उन तबक़ों के दुखों से वास्ता रखा करें और वे तबके आप पर हो रहे सितमों की सुध लिया करें यह कहाँ की समझदारी है जनाब? अपना-अपना दुख आप देखो। अपने-अपने अन्याय पर ख़फगी ज़ाहिर करो और अपनी-अपनी दिक्कतों से पार पाने का रास्ता आप बनाते फिरो। यही अक़्लमन्दी है। न हंगामागीर बनो न दूसरों के आगे अपनी परेशानियों का मजमा लगवाओ। अजी इतनी तालीम के बाद इतनी तो समझ है ही मुझमें कि यह एक नीच ख़याल है। पर क्या करें अपने रंजो-ग़म से ऊपर उठकर उदार होने में वक़्त तो लगता है। बात यह भी सोलह आने

सच्ची है कि औरत ज़ात को न तो दुनियावी मसलों पर संजीदगी से रोने की नौटंकी करना आता है न ही इस फ़रेबी आचरण की कोई ज़रूरत ही उसे महसूस हुआ करती है।

अजी मैं कहती हूँ मति मारी गुई बीवियाँ अपने गुस्से से अपना ही घर डुबो डालती हैं। ऐसे गुस्से का क्या फायदा जो औरत को मर्द ही बना डाले? पत्नी नाम की अहिंसक गाय को शेरनी बना दे? पति को हिंसा करने के लिए उकसाता हो? मानती तो होंगी कि मियाँ-बीवी के गुस्से में बालक पड़ा हुआ रो-रोकर जान दिए जाता हो तो पहले पसीजने का काम औरत की ही ख़ते पेशानी है। जनाब मर्द की तर्बियत ही ऐसी हुआ करती है कि उसे मालूम है कि बावजूद अपने सारे क़हर के, हंगामाख़ेज़ी के, हायतौबा के, बीवी हाथ थामकर घर से निकलते शौहर को भी रोक लेगी और कोहराम मचाते नौनिहाल को दूध का गिलास भी थमा ही देगी। किसी और मौक़े तक के लिए अपने गुस्से की पोटली समेटेगी और बहुत हुआ तो अहले रोज़ किसी भरोसे की हमराज़ सहेली के साथ इधर-उधर की बुराइयों पर बतकुटन्नी बनती फिरेगी। बतबनाव का निचोड़ होगा कि बेचारी फलाँ औरत कितनी दुखी और परेशान है और देखा दुनिया में ऐसी-ऐसी बदक़िस्मत दुखियारिनें हैं।

ख़ैर जाने दीजिए जनाब। हम आसारे क़यामत को भाँप लेने वाली रफ़ूगर घरवालियों का एहसान मानिए आलमपनाह। यह दुनिया सलामत है तो हमारे दम पर। वरना आपने तो अपने गुस्से से क़यामत का दिन नज़दीक लाने में कोई कोर कसर नहीं छोड़ रखी है। ऐसे में यह क्या कम बात है कि इस जहाँ में औरत का गुस्सा कभी क़हर नहीं बरपाता।

ट्रैफिक जाम में मुर्दागाड़ी

मारुति वैन से आधी बाहर लटक रही अर्थी को देखकर तमाम गाड़ियाँ अपनी स्पीड दुगनी कर निकल जाती हैं पर कुछ बहुत धीमी होकर मुर्दागाड़ी को आगे निकलने देना चाहती हैं। निगमबोध घाट के आगे से रोज़ गुज़रते हुए मौत को एक बार उसी भाव से प्रणाम कर देती हूँ जिस भाव से देवालयों के आगे से गुज़रते हुए भीरु भक्त देवता को करते हैं। ईश्वर से कभी नहीं डरी पर मौत से डर हमेशा लगता है। शायद इसलिए अपनी गति धीमी कर देती हूँ कि इस डर का सम्मान करने का मन चाहता है। रफ़्तार धीमी हो तो महसूस करने की क्षमता बढ़ जाती है न।

मुर्दागाड़ी के लिए धीमी हो जाने पर ऊभ-चूभ करती ज़िन्दगी की तमाम तस्वीरें मन के भीतर कहीं कोलाज-सा बनाती हैं। वीरानापन और विरक्ति जबरन घेर लेती है जो बदल जाती है निर्वेद में। मौत के ठहराव को महसूस कर पाने पर तमाम दुर्भावनाएँ, कटुताएँ, स्पर्धाएँ ओछी लगने लगती हैं। जिस मौत के सच को भुलाकर तेज़ गति में जी रहे होते हैं वही तो हर सड़क का आख़िरी मुकाम है। मुर्दागाड़ी से बहुत पीछे रहकर या सायरन बजाती एम्बुलेंस के लिए भरसक जगह बनाते हुए ज़िन्दगी और मौत दोनों का एहतराम कर दिया करती हूँ। एक तरह से रफ़्तार के उन्माद से बचने की कोशिश किया करती हूँ।

कभी-कभी चंदगीराम अखाड़े से लेकर निगम बोध घाट के गेट तक पहुँचने के लिए मुर्दों को भी सड़क के जाम में फँसा पाकर यही लगता है कि जीवन के अन्त के बाद ख़ाक में विलीन होने का इन्तज़ार भी कैसा इन्तज़ार है भला। जाम के शोर में मौत का सन्नाटा किसी को भी तो नहीं

सुनाई दे रहा और शायद इसीलिए लोग ख़ुश और मुतमइन दिखाई दे रहे हैं। उतावले और बेपरवाह। ख़ुद को ज़िन्दगी और मौत दोनों से ऊपर महसूस करते हुए से। एक खोखलापन ओढ़े। कैसी विडम्बना है कि एक ही सड़क पर ज़िन्दगी और मौत दोनों इन्तज़ार में कि कब रास्ता मिले।

ऐसे में हाथ स्टीयरिंग पर होते हैं और पैर ब्रेक और एक्सिलरेटर के बीच झूल रहा होता है और मन किसी ज़मीन की तलाश में शून्य में भटक रहा होता है।

पुरुषों को भी घर की छिपकलियों-कीड़े-मकोड़ों से डरने और 'आउच्छ' करके बिदकने छिपने का हक़ है।

उन्हें यह जताने का भी अधिकार है कि दबंग पड़ोसी और गुंडे सरीखे लोगों से पंगा मोल लेते हुए उनका सीना धक-धक किया करता है। उनको भी ग़मी-ख़ुशी के मौक़ों पर जज़्बाती होकर रूमाल से अपने अश्क पोंछने का हक़ है। दर्द होने पर, ख़स्ताहाल, पस्तमन होने पर कराह उठने का बराबर हक है। उनको पूरा हक है कि पति-बेटों को कमाऊ मशीन समझने वाली बीवियों-माँओं से खुलकर कह सकें कि वे कोल्हू के बैल की मानिंद नहीं कमा सकते। उनको पूरा हक़ है कि वो हक़ के साथ कह सकें कि उनको ख़ुद को मर्द साबित करने के लिए बहनों-माँओं-बीवियों के आगे बेख़ौफ़, छप्पन इंच की मज़बूत छाती धरे चलने का नाटक करने से वहशत भी हुआ करती है।

बर्ख़ुरदार जान की अमान पाऊँ तो कहूँ। अजी यही कि नाज़ुक से दिल वाले, सीने में भरे जज़्बात आँखों से बरसाने वाले, अपनी कमियों-कमज़ोरियों पर शर्मिन्दा न होने वाले, भाव भरे चेहरे वाले पुरुष से मिलकर मुझे यह दुनिया और प्यारी-सी, सतरंगी-सी, बेहद ख़ुशनुमा लगने लगती है। जी करता है गले लगा लूँ।

चूँकि बोरियत भी एक मर्दाना शै है

बोरियत और बीवियाँ? नहीं जनाब यह ऐब हमारे बस की बात कहाँ।

आपने कभी कुर्सी पर पसरे पति नामक प्राणी को बोर होते नोट किया है? पति जो चाय की सुड़कियाँ और पत्नी की झिड़कियाँ एकसाथ समान भाव से लेते हुए अपनी जगह पर जमा रह सकता है। पति जिसके मौन मुखड़े के आगे अख़बार, लैपटॉप और मोबाइल, टी.वी. जैसे जंजालों की हाज़िरी एक साथ ही लगी रहती है। पति जो घर में चलने वाले झंझावातों ही नहीं चक्रवाती तूफ़ानों के बीच भी अपने अंड-बंड काम में लगा हुआ देखा जा सकता है। पति जो घरवाली के मूड के अलनीनो इफेक्ट्स के बीच अपनी बेपरवाही की छतरी खोले किसी गहरे ख़याल में डूबकर बेहद मसरूफ़ियत भरी भंगिमाएँ बनाये रह सकता है। अजी हमें पता होता है कि वह उस समय ऊब का ही नहीं महाबोरियत का मारा हुआ होता है। ऐसे पति को आप गली में धीमे-धीमे टहलते हुए, फूल-पत्ती तक का बारीक मुआयना करते हुए फालतू के लोगों से ख़ुशगप्पियाँ लड़ाते हुए देख सकते हैं। और अधिक बोर होने पर वह गली से लेकर मुल्क तक के और धरती से लेकर मंगल तक के किसी भी मसले को पकड़े आजू-बाजू वालों से बग़लगीर होकर बेवक़्त की शहनाई बजाता हुआ पाया जा सकता है। गुस्ताख़ी माफ़ हो तो कहूँ कि पति अक्सर बस नौकरी ही तो किया करते हैं और बाकी की बची शाम, सुबह, इतवार और छुट्टियों में इन्ही तरकीबों के ज़रिये बोर हुआ करते हैं। पति बाक़ायदा ऊब से पस्त हो सकते हैं पर ये नहीं कि किसी काम के काम में लग जाएँ। जान रहिए जनाब कि क़ायदे की बीवियाँ पतियों को बोर होने से बचाने भर की ख़ातिर उनको अला-बला काम सौंपने, किसी

आलतू-फालतू मुसीबत का हल तलाशने और न हो तो जारों के अड़ियल ढक्कन खुलवाने, दीवारों पर कील वील ठुकवाने, दूधवाले का, किराने वाले का हिसाब वग़ैरह करवाने के बहाने कुर्सी से उठवाने और यहाँ-वहाँ दौड़वाने का कुफ्र किया करती हैं।

भाईसाहब क्या बात करते हैं? लुगाइयाँ एकदम और हरदम दुनिया भर के ज़रूरी-ज़रूरी कामों में इस क़दर मशग़ूल रहा करती हैं कि उनको बोरियत नाम की चुड़ैल का साया तक नहीं छू सकता है। कैसे क्या जी? आपको बीवियों की मसरूफ़ियत भरी ज़िन्दगी की रामकहानियाँ सुनाने बैठूँ तो आपके पसीने ही नहीं छक्के-वक्के सब छूट जाएँगे। देखिए जनाब बाइयों की निगरानी करने से लेकर दौड़-भाग कर सबके काम करने की कवायद से वक़्त बचे तब तो हों न बोर। उकताए वो जो पति-बाल बच्चों का ख़याल करना जानती न हो। जानती हो तो चाहती न हो और मक्कारी किया करती हो। बाई कितना भी काम कर ले है तो वो भाड़े की ही सेवा न। लुगाइयों के हाथ का प्यार जिस काम में न हो वह न तो बरकत देगा न ही घरवालों को सुकून मिलेगा। अजी बरक़त जाने भी दो असल बात है प्यार की। हर काम में घरवाली के प्यार का स्पर्श न हो तो घर और होटल में फ़र्क़ ही क्या रह जाता है। और बताइए इस प्यार इस ममता की ख़ातिर घर को सलीक़े से रखने वाली, सबकी चीज़ें जगह पर और वक़्त पर पहुँचाने वाली औरत बोर होगी तो कहाँ से? अगर कभी ज़रा वक़्त और मौक़ा मिल भी जाता है तो मैं चाहती हूँ वो बग़लवाली की बताई चाइनीज़ रेसिपी ही आज़मा लूँ या बाज़ार के सड़े तेल की बूँदियाँ की जगह घर के शुद्ध-साफ़ तेल की बूँदियाँ तल लूँ। फिर भी वक़्त बच जाता है तो सोचती हूँ बालकों के खिलौने की ड्रार सजाने, पति के रूमालों की तह लगाने और बिछड़ी जुराबों को जोड़ीदार से मिलवाने के नेक काम में देरी न की जाए। भाईजान और कुछ न मिले तो ब्लाउजों-दुपट्टों-क़मीज़ों की सरकी हुई तह जमाने और खोई हुई टाई और

क्लचर जैसी चीज़ें तलाशने के टले जाते काम सिर पर ले लिया करती हूँ।

अजी हम टी.वी. कहाँ देखती हैं? थक-थकाकर, चूरा-चूरा होकर उसके आगे बेजान-सी पड़े रह जाने को आप मन बहलाना या बोरियत को दूर करना तो नहीं कहिए जनाब। क्या बात करते हैं? फ़ोन पर सहेलियों से दिल्लगी और गप्पें? न जी वो तो उन उकताई हुई औरतों के ऐब होते हैं जिनको घर और घरवालों से ऊपर-ऊपर का लेना-देना रहता है और मन से वो महानिकम्मी, किटीबाज़ लुगाइयाँ हुआ करती हैं। देखो जी पास-पड़ोस वालियों से बनाकर रखने के लिए उनसे हिल-मिल रहना पड़ता है। दूसरी के दुख में काम आने के लिए, किसी ग़मज़दा के दुखड़े सुनने के लिए गली में खड़े-खड़े कुछ वक़्त लगा भी दिया तो क्या आप मुझपर ख़ाली होने या बोर होने का वाहियात इल्ज़ाम ही लगा डालेंगे? जनाब जान दे-दे कर घर का काम निपटाकर अपने घुटने सीधे करने के बहाने दिल की दो-चार बातें कर लेती हूँ बस। वरना काम तो मुझे इतने रहते हैं कि उनको निपटाने बैठूँ तो चौबीस घंटे भी काफ़ी न पड़ें। जब देखो अख़बारबीनी करने, फेसबुक-वॉट्सऐप के मसख़रे ऐब पालने और टी.वी. के आगे जमकर झाँय-झाँय भरे महासंग्राम में सच-झूठ का फ़ैसला करने में दिमाग़ ज़ाया करने को मेरे पास तो वक़्त है नहीं। उकताए हुए शौहर ही बहुत हैं ऐसी फिज़ूलपंती में पड़ने को। अपन बीवियों की काम भरी ज़िन्दगी में ऊबने की ऐय्याशी के लिए कोई जगह है ही नहीं यार। ऊब के लती मर्दों के भरोसे यह दुनिया नहीं चलती बहना, हम जैसियों के त्याग और मेहनत से क़ायम है। चल छोड़ यार हटा परे। मैं चली अपना दुपट्टा पीको करवाने वरना कल बच्चों की पी.टी.एम. में क्या पहनूँगी।

ताले जज़्बातों वाले

दर्द का भी एक वेंटेज बिन्दु होता है। उस बिन्दु के बदलते ही दर्द का घनत्व और महत्त्व दोनों ही बदल जाते हैं।

इसलिए जब कोई ज़िद्दी दर्द जा न रहा हो तो अपनी जगह ही बदल लेनी चाहिए।

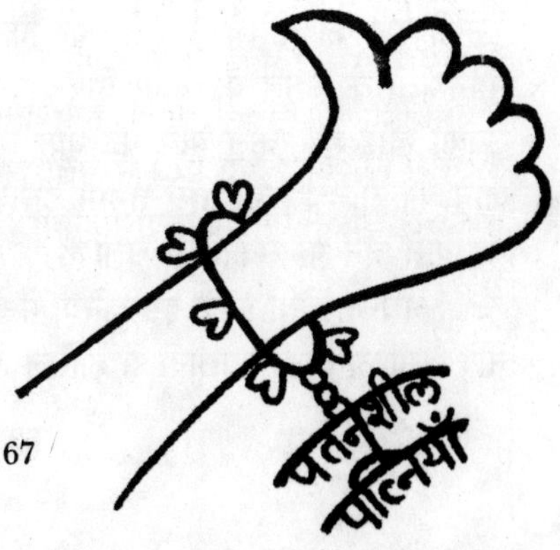

छलिया नींद की आस में

नींद, जिसे मैं क़ुदरती चीज़ मानती आयी थी वो एक ऐसी मुश्किल शै बन जाने वाली होगी पता ही न था। एक वक़्त ऐसा भी आयेगा कि मैं चैन की नींद के लिए तरसा करूँगी यह तो मैंने कभी सोचा ही नहीं था।

रात की बिछी चादर पुरशिकन हुई जाती है और इधर मेरी पलकों पर नींद है कि उतरती ही नहीं। अजी ऐसा नहीं है कि मुझे कोई स्लीप डिसऑर्डर है या मेरी ज़िन्दगी या जी ग़मज़दा रहा करता है या लोग मेरी नींद के बैरी हैं। बस इतना ही है कि नींद की आग़ोश में जाने से पहले के लफड़े और पचड़े इतने हैं कि कोई कामकाजी औरत उस बेख़बरी से सोने के लिए धमक ही नहीं सकती कि नींद आकर उसे धर दबोच सके। ग़र सब मुसीबतों से पल्ला छुड़ाकर आँख लगाना चाहें भी तो मुआँ बिस्तर तब तक काटने में लगा रहता है जबतक कि ख़ानदान भर के कामों को निपटा न लिया जाये और जबतक कि घर का हरएक बन्दा अपनी हरकतें समेट कर अपने बिस्तर पर अहसान करने की मंशा से पहुँच न जाए। दरवाज़ों-खिड़कियों की कुंडियाँ सटक गयीं या नहीं। बच्चे का डायपर बदलकर उसकी दूध की बोतलें उबालीं और फ्रिज़र में जमा ली या नहीं। बड़े वाले नौनिहालों के स्कूल का काम निपट गया या नहीं। यदि निपट गया है तो उनकी खोई हुई स्कूल बेल्ट को एक आख़िरी कोशिश कर तलाश ही लिये जाने का लालच। भई ऐसे तमाम इन्तज़ाम जिस भली औरत के सिर होंगे वह कैसे चैन पा सकती है भला?

अचम्भा होता है कि इस दुनिया में ऐसी भी सआदतमन्द औरतें हैं जिनको नींद जैसी अय्याशी आसानी से हासिल है। जो सोने के ऐब की ऐसी मारी हैं

कि घर जमात की मुसीबतों का कोई काँटा उनके और उनकी नींद के बीच खटकता ही नहीं। जो कोई घरबारी औरत घर में सबके सो जाने से पहले सो जाती हो और सबके उठने के बाद उठा करती हो। जो अपने पस्तहाल बावर्चीख़ाने और बेतरतीब दीवानख़ाने से बेपरवाह होकर बेखटके ही बिस्तर में पड़ जाती हो। मुझे बेहद ताअज्जुब होगा किसी ऐसी शादीशुदा बाल-बच्चेदार औरत की हस्ती के बारे में जानकर जिसको बेपरवाह नींद की तलब और सहूलत दोनों ही होती होंगी। मैं तो अपनी दादी-नानी से सुनती आयी हूँ कि एक सलीक़ापसन्द और शाइस्ता औरत का खाना हमेशा ही तेज़ और सोना कम होना चाहिए। बेख़बर सोना मर्दों का काम है। मर्द जैसे चाहें सोएँ जब तक चाहें सोएँ। औरत को अपनी नींद पर क़ाबू होना चाहिए वरना घर ख़ानदान नहीं चल सकते। पर हुज़ूर मुझे तो अपनी नींद से बेइन्तेहा प्यार है। पर वह मुझे गच्चा देकर मुझसे जब चाहे आँख मिचोली खेलने बैठ जाती है। सोने से पहले ही जब नये दिन के लिए उठने से डर लगता हो तो निगोड़ी नींद आयेगी कहाँ से? नींद डरे हुओं को, बेचैन दिलों को, फ़िक्रमंदों को, फितूर वाले दिमाग़ों को ठेंगे पर रखा करती है और मैं तो ऐसे ऐबों के साथ-साथ एक घरबारी औरत भी हूँ जी।

अब आपसे अपनी परीशाँ सूरत क्या छिपाऊँ? बिस्तर पर पस्त होकर कई बार गिरने की कवायद के बाद भी कोई न कोई ऐसा काम बच ही रहता है जिसे बस घरवाली के पाक़ और हुनरमन्द हाथों के सिवाय किन्हीं और हाथों से अंजाम दिया जा सकता ही नहीं। और तो और कुछ ऐसी तकलीफ़ें भी हैं जो घर के बाक़ी बाशिन्दों को दिक़ नहीं किया करतीं बस

औरत ज़ात की ज़िन्दगी को बेज़ार किये रहती हैं। बिछावन की मुँह चिढ़ाती हुई सिलवटें, नल से रह-रहकर टपकती सन्नाटे के आराम में दख़ल देती बूँदें, पर्दों के फाँक से कटारी बनी हमला करती गली की लफंगी लाइट। सब के सब ज़ालिम हैं। बेमुरव्वत हैं। मेरी नख़रे वाली नींद के जानी दुश्मन हैं। अब साहब इतने-इतने से कामों के लिए दूसरों का एहसान कौन ले। जब बड़े-बड़े काम ख़ुद ही निपटा लिए तो इन नामुराद कामों को भी कर ही लूँ आख़िर सोने की ग़रज़ भी तो मुझे ही है, बाकियों के लिए तो न नींद कोई मसला है और न ही ये औनी पौनी मुसीबतें। इन ख़ुशनसीबों की बाँदी है नींद। शायद सलोने ख़्वाब भी।

मेरी यह परीशाँ सूरत तो रोजाना ही हुआ करती है पर जब कभी पति या उसके घर वालों से कहा-सुनी हो जाए या पाजी पड़ोसिन कोई जलता हुआ तीर छोड़ दे तो वो सीधा मेरे दिल में आकर ऐसा उतरता है कि बस रात काली हुए बिना नहीं रहती। सोचती हूँ इस जलती हुई रात से कुछ चाँदनी उधार माँग लूँ। सुइयों से कहूँ कि ज़रा धीरे चलें। एक माँ जो अबतक लावारिस जाग रही है उसपर रहम किया जाए। एक बीवी जिसे अल्लसुबह से कई प्राणियों के दिन को अपने अकेले के सीने पर ढोना है उस पर करम किया जाये। एक बहू जिसे आग बुझे नश्तरों का घाव साले जा रहा है उस पर और सितम न ढाया जाए।

देखिए इस साँपिन रात को बलखाते हुए देखना भी किसी बामशक़्क़त सज़ा से कम नहीं। उधर सब बाशिन्दे रात के आलिंगन में बँधे हैं और इधर मैं हूँ कि अपने गुज़रे हुए दिन की पालकी अपनी पलकों पर ढोए चले जा रही हूँ। जनाब एक बार ही ठहरती है नींद भी। ऐसी सितमगर दिलरुबा है जो एक बार रूठ गयी तो चाकेजिगर को दोबारा मुड़कर देखती तक नहीं।

ख़ैर जाने दीजिए जनाब इस बेकार से मसले से किसी का क्या वास्ता। ओह! सुबह के नाश्ते के लिए छोले तो भिगोना भूल ही गयी। अब उठी हूँ तो ज़रा पिराते हुए घुटनों पर नैनोजेल ही मल लूँ। सुबह तक नींद या क़रार दोनों में से कुछ तो आ ही जाएगा।

आजा री ओ हरजाई!!

ग़ालिब छुटी शराब

हाँ तो जनाब-ए-आली क़िस्सा यह कि मैंने होली जैसे मौके पर चंद घूँट भाँग पी। जब वीमेन फ्रेण्डली रेड वाइन या ब्रीजर से भी काम चल सकता था तो भी भाँग पी। शराब के नशे में डूबी औरत को तोहमतों, बदनामियों, अफ़वाहों, क़िस्सों के सैलाब में डुबाकर क़ाफ़िर क़रार कर देने को आमादा माहौल में पी। शौहरों की बग़लों से चिपटी इज़्ज़तदार घरैतिनों के शरीफ़ाना जलसे में पी। डी जे की धुन पर पैर थिरकाती पर निगाहें पूरे शामियाने में दौड़ाती लुगाइयों के बीच पी। शराबे असली नहीं, शराबे जौ नहीं, शराबे अंगूरी भी नहीं। बेड़ाग़र्क़ कर देने वाली भाँग पी। अजी पी क्या अपनी जान पर ख़ुद ही आफ़त बुलवाई। हाँ! सुन रही हूँ मैं। आप बिलावजह फ़िक्र न करें। बचपन से पीती आयी है, पिए ही रहती है, पक्की आवारा है, मौजी है, खिलन्दड़ी है। मर्दों पर डोरे डालने वाली औरत है।

अरे रे रे!! आपको ग़लतफ़हमी हुई है अगर आप मुझे कच्ची और कमज़ोर मान रहे हैं। ग़र ऐसा होता तो मैं भी तोहमतों के तूफ़ान के हवाले होने से बचती होती और ठण्डाई और लिमका के साथ कोने में खड़ी लाचार थोबड़ा बनाकर पकौड़ियाँ खाती पायी जाती। पर नहीं जी औरत होकर भाँग पीने के साइड इफेक्ट्स मुझे डरा नहीं सके। पर मीलार्ड भाँग पीकर मरने के साइड इफेक्ट्स अपनी जान पर झेलकर अब मैं बेहद डर गयी हूँ। मर्दों के सुरूर पर तमाम शायरों ने भरपूर शेरो शायरी नहीं भी की होती तो भी नशे में डूबे मर्द को कैसा लगता है यह सारा ज़माना जानता होता। नशे में डूबे मर्दों की ज़ुबान, हरकतें और हंगामे। शराफ़त के पर्दों को फाड़कर फड़फड़ाती हुई मर्दानी शराबसाज़ी। मै, मैख़ानें, मैकशी। शराबे-तहूर की वाहवाही में

महीन से महीन शायरी। पर औरत की मैकशी और औरत के सुरूर पर किसी क़ाबिल शायर ने शायरी नहीं की। अजी शायरों की छोड़िए। आपने ख़ुद भी कभी नशे में टल्ली, मदहोश, बेफ़िक्र और बिन्दास होकर बकती हुई औरतें देखी हैं क्या? मदहोशी के सैलाब में बहती हुई हर रंजोग़म से ऊपर उठकर जन्नत के नज़ारों का मज़ा पाने जैसा नशा क्या औरतों को भी होता होगा? मुझे तो नहीं लगता कि मैकशी का ऐसा खूबसूरत अंजाम किसी औरत की किस्मत में होता होगा।

तौबा तौबा! मुझे याद है भाँग का वो ज़ालिम नशा। अनजानी अदृश्य ताक़त, जैसे खींचकर दुनिया से परे ले जा रही हो। उफ़! लाचारी, बेबसी का वह बेहद ख़ौफ़ज़दः कर देने वाला एहसास। अपने पति बच्चों और घरबार को छोड़कर न मरने की मेरी ज़िद के आगे लगातार जीतता हुआ। कुछ दिन और जीने की मोहलत के लिए तड़पते हुए यह देख पाना कि जवान होते मासूम बच्चों के सिर से माँ का साया उठ जाने पर दुनिया उनपर कितना तरस खाएगी। मेरे बिना न जाने उनको दुनिया की कितनी ठोकरें खानी पड़ेंगी। कितनी रुसवाइयाँ झेलनी पड़ेंगी। मैं बेतहाशा चीख़ रही थी कि यह नशा नहीं है ज़हर पी लिया है मैंने। एक-एक साँस के लिए मौत से लड़ती रही क्योंकि मुझे इस तरह बेवक़्त, बेवजह, बेक़ुसूर नहीं मरना था। नशे से मरने वाली औरत कहलाई जाने की ज़िल्लत लिए हुए नहीं मरना था। भगवान को हाज़िर नाज़िर मानकर कहती हूँ जनाब शराबख़ोरी का यह मेरा पहला गुनाह था। यक़ीनन मैं किसी भगवान को नहीं मानती रही थी पर दिल कह रहा था मुझे किसी मसीहाई ताक़त के आगे अपना यह संगीन जुर्म क़ुबूल करना है। अपनी पहले वाली हसीन और सीधी-सादी ज़िन्दगी वापिस पानी है। लोग कितने नाक़ाबिले मुआफ़ी जुर्म करके भी बेधड़क घूमते हैं मेरा तो जुर्म ही बहुत छोटा-सा है। बस एक बार अपने बच्चों की ज़िन्दगी की ख़ातिर मुझे अपनी ज़िन्दगी दोबारा हासिल हो जाए। मेरी मत मारी गयी थी या मुझ

पर कोई जुनून सवार था। आख़िर मैं पाना क्या चाहती थी जी? कहाँ है वह जन्नत? वो बेपरवाही? वो रूहानी सुकून जिसके लिए लोग पीते हैं? बार-बार पीते हैं। जेबें हल्की करके पीते हैं। अपनों को रुसवा करके पीते हैं। ग़म ग़लत करने के बहानों से पीते हैं।

कहीं ऐसा तो नहीं कि मर्दों की बराबरी की सनक में बहकी हुई थी मैं। हो सकता है कि रूहानी आज़ादी हासिल करने की और खुलेपन को जीकर देखने की तमन्ना से भड़की हुई थी मैं। नहीं जी नहीं मैं जैसी हूँ, जो हूँ, जहाँ हूँ, वहीं ठीक हूँ। अपनी छोटी-सी दुनिया की खुशियों और ग़मों के नशे की लत में तारी हुई। आलमपनाह मैं तौबा करती हूँ कि आज के बाद दोबारा इस ऐब को करने का ख़याल तक अपने दिल में नहीं आने दूँगी।

अरे है कोई मसीहा! जो मुझे इस तरह से आज़ाद होने के ख़याल से ही आज़ाद कर दे?

हाय! बेहद बुरी साबित हुई ये बला। शराबे ख़ानः ख़राब।

उफ़! ग़ालिब छुटी शराब!!

बॉर्नवीटा मम्मियों के जज़्बात

पूरे यक़ीन से नहीं कह सकती कि वह लड़का उतना सुन्दर और मासूम नहीं रहा होता तब भी हम मम्मियों को उसपर इतना ही प्यार और इतनी ही दया आयी होती।

बमुश्किल दस का दिखने वाला और ख़ुद को चौदह का बताकर हेल्पर का काम करने वाला मासूम बच्चा। अनजाने ही वह जिम में जान देकर फिगर और सेहत दुरुस्त करने वाली हम सभी मम्मियों की परेशानी का सबब बना हुआ था। बात यह है न जी कि कोई भी बॉर्नवीटा मम्मी जॉन्सन एंड जॉन्सन केयर से कम पर पलते हुए बच्चों की पीड़ा पर अन्दर तक आहत हुए बिना नहीं रह पाती। कार के शीशे को खटखटाकर भीख माँगते मटमैले बच्चों को देखकर बाकी की विंडो पॉवर-बटन से ऊपर कर लेने वाली मम्मियाँ भी इतनी दयालु तो ज़रूर हुआ करती हैं कि जिस दिन उनका ख़ुद का बच्चा गाड़ी में होता है, उस दिन उनका हाथ ख़ुद-ब-ख़ुद पर्स की चेन खोलने लगता है। ममतालु मम्मी का वही दयालु हाथ बच्चे वाली भिखारिन की फैली हथेली पर पाँच का सिक्का गिरा देने के बाद फौरन ही शीशा बन्द करने और गाड़ी के अन्दर वाले अपने बच्चे के सिर पर फिरने में लग जाया करता है। फिर हम तो ऐसी मम्मियाँ थीं जिनके दिलों में ममता का भरपूर सोता झरझर बहा करता है। जिनके सीने में दुकानों पर काम करने वाले मासूमों के लिए इतनी दया हुआ करती है कि सामान ले चुकने के बाद वे दुकान के कसाई से मालिक की मन्दबुद्धि में बाल-अधिकारों के बारे में ज़रूरी इल्म ठूँसने बैठ जाया करती हैं। जो कामवाली बाई के साथ अचानक टपक पड़े नन्हों को रसोई के गुम कोनों से ला-लाकर बिस्कुट

नमकीन पकड़ाते हुए उन मासूमों को खाली-पीली धूप में फिराने वाली बाई की अक्ल को कोसा करती हैं। अजी हम वो माएँ हैं जिनके लाडलों की सेहत और विकास की फ़िक्रमंदी में बेचारा बाज़ार अपने सब काम-धाम परे रखकर बावला हुआ जाता है।

ख़ैर बहना जाने दे कोई और बात कर। अच्छा वो बच्चा! अरे यार! बात यूँ हुई कि उस बच्चे को, नाज़ुक शरीर से बड़े-बड़े डम्बल उठाते देख हम सब वर्ज़िशवालियों का कलेजा मुँह को आता था। हम कभी उस बच्चे के हालातों को कुरेदा किया करते तो कभी बच्चे से काम लेने के ज़ुर्म में जिम के मालिकों को कोसते होते। भगवान क़सम ऐसा गोरा-चिट्टा सुन्दर कि लगे कि हमारे तुम्हारे घर का है। खुद्दार इतना कि अपनी गुर्बत के बावजूद हमारे सहलाने पर

भी न टूटे। चालू इतना जैसे कहीं से सीखा-पढ़ा हो कि उम्र नहीं बतानी है कोई पूछे तो। किसी दयालु मम्मी को बताता कि बस एक महीने के लिए लगा है और ग्यारह का नहीं चौदह का है। तो किसी शंकालु मम्मी की शंका का शमन करते हुए अड़ा रहता कि बस नौवीं की किताबों के ढाई हज़ार के लिए काम कर रहा है। जब ढाई हज़ार का दान देने वाली किसी महादयालु मम्मी के दबाव से बचने को तड़फड़ाया तो बोल बैठा कि घर का राशन भरने के लिए अप्रैल से पूरी जुलाई तक काम करेगा और इन ढाई हज़ार से राशन कैसे पूरा भरेगा। जिमवालियों की बरस पड़ने को बेताब दया ममता का कोई पारावार न था। कोई अपनी डार्क चॉकलेट का हिस्सा उसे खिलाकर दम लेती तो कोई भाग-भागकर मशीनों के वेट बदलने वाले उस पक्के

जीव को इनाम में दस-बीस रुपये थमाने को मजबूर महसूस किया करती।

हाँ बहन सच तो यही है कि वह अपनी शक्ल और नरम चमड़ी से कोई नया-नया मजबूर दिखाई देता था। उसकी मासूमियत और भोलापन जितना दर्द पैदा कर दिया करते थे उतना दर्द तो मैले-कुचैले और घिस-घिसकर सीकड़ी बन चुके बाल-मज़दूरों के लिए भी नहीं महसूस किया कभी हमने। उफ़! ऐसे निर्मम हालातों वाले सुन्दर मासूम बच्चों के चेहरे में अपने बच्चे का चेहरा दिखाई दे जाता है तो कलेजा काँप जाया करता है। अमाँ यार दुनिया भर में ऐसे मजबूर बच्चे भरे पड़े हैं जिनको माँ-बाप ने पैदा करके ज़माने की ठोकरें खाने के लिए छोड़ रखा है। किस-किस को रोएँगे। पर यह तो ज़्यादती है न कि आप चैन से अपने राजदुलारों को पाल ही न सको। घर आने पर भी रास्ते में दिखे किसी मज़बूर बच्चे की बर्बाद शक्ल आपको परेशाँ किये रहे। आपको लगे कि कोई मनहूसियत, कोई बुरी नज़र आपका पीछा करती घर तक चली आ रही है और आपको किसी संगीन जुर्म के एहसास से भरने की कोशिश कर रही है। वो क्या है न भई कि माँ का दिल माँ का होता है चुनाँचे आप नहीं समझेंगे कि ऐसा क्यों महसूस होता है।

क्या कौन-सा बच्चा? अच्छा वो जिम में काम करने वाला? यार दो-चार दिन जिम का नागा करने के बाद जब उस दिन गयी तो कार पार्क करते हुए सामने की लेसों की दुकान का शटर खोलता मिला था। शायद हम मम्मियों की फ़िज़ूल की फ़िक्रमंदी ही उसकी मुसीबत का सबब बनी होगी और उसे मालिकों ने नौकरी से बर्ख़ास्त कर दिया होगा। बेचारा आफ़तज़दा मासूम। क्या बताऊँ कैसी राहत मिली कि उस नन्ही जान को अब कम-से-कम बीस-बीस किलो के वेट नहीं उठाने पड़ेंगे। बस मैचिंग लेसें दिखाने-लपेटने का हल्का-फुल्का काम करके आराम से रहा करेगा। हमें तो बस यही सुकून बहुत कि उसकी बेबसी और बदकिस्मती देख-देखकर हम लोगों को और दुखी नहीं होना पड़ेगा। भगवान ऐसे मजलूम बच्चों पर रहम करे हम तो बस यही दुआ कर सकते हैं। ख़ैर चलती हूँ यार देर हो रही है। बेटे को पियानो क्लास के लिए ले जाना है। बाय।

ताले जज़्बातों वाले

हम एक दुनिया रचती हैं जो हमारे मुताबिक होती है, जहाँ हम अपनी और अपने अहं की हिफ़ाज़त के सारे इन्तज़ामात कर लिया करती हैं। अपने किरदार को ही नहीं जुमलों को भी पहले से ही तय करके चलती हैं! हम अपनी सभी इच्छाओं और इरादों को पहेली बनाकर पेश करती हैं! हम अपनी बनाई दुनिया की रानी होती हैं। घर-गृहस्थी, परिवार-पड़ोस, बच्चे—हमारे सारे आनन्द, सारे एड्वेंचर, सारे दर्द इसी के इर्द-गिर्द होते हैं। हमारे ख़ुद के बुने।

मोहतरम! आपके पास होंगे तर्क हमारे पास है भाषा! इसी को हम तलवार बना लेती हैं तो कभी इसी को ढाल बनाकर चलती हैं। इसी से हम अपनी दुनिया की किलेबन्दी करके चलती हैं। हम अपने हर कदम, हर इच्छा और हर इरादे को इसी भाषा के हुनर से जायज़ और महान जताने का नेक काम कर पाती हैं! हमारी परवरिश में सबसे बड़ी यही तो तिलिस्मी ताक़त हमें मिली है बाकी सब देश-दुनिया आपको मुबारक हम अपनी इस जुबाँ की ताक़त को पाकर ही धन्य हैं जी।

पतनशील पत्नियों के नोट्स

यू नो पार्टनर कि हमने एक-दूसरे का बहुत सारा ख़याल रखने को ही प्यार और शादी मानकर कितनी बड़ी भूल की है। अब एक-दूसरे का ख़याल न रखने से भी तलवारें खिंच जाती हैं और ख़याल रखने से भी। हमारा ख़याल रखना कब कंट्रोल रखना बन जाता है ये हम दोनों ही नहीं समझ पाते।

कभी-कभी लगता है हमें अटेंशन डेफिसिट डिस्ऑर्डर है। सुनो जी कहती हुई पत्नी को अनसुना करने का नाटक करता पति और पति के घर में घुसने के बाद देरी से चाय-नाश्ता पूछने वाली पत्नी, दोनों ही इस ख़याल रखने की प्रेम-प्रथा को चुनौती देने के जुर्म में मुजरिम क़रार दिए जा सकते हैं। दिन में दसियों दफा हम शादी निभाने की बेकली का सबूत दे रहे होते हैं उससे दुगनी दफ़ा इस कोशिश में फेल होते-होते बाल-बाल बच जाते हैं। और देखो! ऐसे ही एक-दूसरे का ख़याल रखते-रखते हमने कितने साल काट दिए पार्टनर!

फेसबुक धाम पर सेल्फी पूजन

जैसे गुलों की गिरफ़्त में आने को भौंरे, गुड़ से चिपटने को मक्खियाँ और लपलपाती लौ से लिपट जाने को पतंगे बेक़रार रहते हैं कुछ-कुछ वैसी ही बेक़रारी हसीनाओं की फेसबुकीय तस्वीरों पर निसार होते दीवानों की पायी जाती है।

ऐसा नहीं है कि जलव-ए-हुस्न के कद्रदाँ हक़ीक़ी ज़िन्दगी में हुस्न के लिए अपनी दीवानगी का नमूना पेश करने से बाज़ आ जाते हों, पर फेसबुक पर सुन्दरी की ख़ुद के हाथों से चस्पाँ की गयी तस्वीर तो अपने आप में हुस्न के इबादतख़ाने में भक्तों को न्यौतने के माफ़िक काम है। ऐसा नहीं है जी कि अपनी असल ज़िन्दगी में ऐसी मोहतरमा देखने वालों को कोई कम कातिल मालूम होती है पर उसी हसीना की अदा के जलवे कम्प्यूटर और मोबाइल की स्क्रीन में आगजनी के कुसूरवार हो जाया करते हैं। आगजनी क्या भाईजान ज़लज़ला ही आ जाता है जब ऐसी हसीना का मरमरी मुखड़ा देखने वाले की अंगुलियों की बदौलत और से और नज़दीक आकर इतना नज़दीक आ जाता है कि बस। तब तो बस बन्दे की आँखों और पर्दे का सीना चीरकर हमला करते तस्वीर के हसीन लब ही रह गये हो सकते हैं। इतना नज़दीक

जाकर खूबसूरती को ज़र्रे-ज़र्रे से महसूसने के मुबारक मौक़े। वो भी बिल्कुल मुफ़्त। हसीना और बीवी दोनों की ही न चप्पल का डर न चाँटे की फ़िक्र। आनन-फानन में उस शबाब के रेशे-रेशे का मुआयना करती आँखें और सीने में उबाल मारते कई नग्मे, कई नज़ीरें। अमाँ यार बन्दी स्टाइल मारती है और बड़ी उम्मीदें लेकर हुस्न के इस बाज़ार में अपनी क़ीमत लगवाने निकली है।

जनाब क्या कहूँ! पर बन्दे की निगाह है एकदम ख़ुर्दबीनी, चुनाँचे तारीफ़ की तलबगार तस्वीर में छाई गुलबदन हसीना के गाल के मामूली से मस्से में भी तिल का तसव्वुर कर बैठा है बन्दा। ये लीजिए अब ख़िदमत में तिल का ताड़ बनाती एक उधार की मौसिक़ी लिखकर अपने अरमानों को हवा दिलवाना चाह रहा है। क़सम से यार! हसीना के शुक्राना अदा करते लफ़्ज़ों में अपने छोड़े तीर के निशाने पर जा लगने की निशानियाँ तलाशता फिर रहा है। बन्दी ने स्माइली चेपी तो बढ़िया और अगर जवाबी शेर अर्ज़ कर दिया तो बल्ले बल्ले। क़िस्म-क़िस्म के लोग क़िस्म-क़िस्म की तारीफ़ें। वाह, बहुत खूब, ग्रेसफुल, शानदार वाली फटफटिया तारीफ़ें। हसीना की उम्मीदों का बेरहमी से गला घोंटती तारीफ़ें करने वाले सिरफिरे

सपाट लोग। अरे यार मुए लाइक करके कट लेते आप तो हम कतई बुरा न मानतीं। ये दूसरे वाले 'प्यारी पिक बहना की' और 'अत्यन्त सुन्दर आदरणीया' वाले लोग। बन्दी के बेनज़ीर हुस्नो-शबाब की बारीकियों से ग़ाफ़िल तो हैं ही, हद दर्ज़े के डरपोक भी हैं। राम जाने इनकी मोहतरमा इनको बर्दाश्त कैसे कर सकती होंगी? लो ये दीवाना तस्वीर की बैकग्राउंड की बारीकियों के बहाने एक खेली खाई हुई को बहला रहा है। किसने और किस क़िस्म के कैमरे से उतारी तक की फ़िज़ूल बातों से सज्जन बनके दिखाने पे तुला है। अबे प्वाइंट पे आ ना। जाने दीजिए। आप इन बरखुरदार को देखिए

जो कहाँ खींची, कब वहाँ की यात्रा की, जैसी तफसीलों के मिस बातों को बढ़ा रहा है। बहुत पुराना खिलाड़ी है पर नेक और रवादार लगने का इरादा ठाने हुए है। पिछली कई तस्वीरों से सब्र और लगन से पीछे लगे पड़े हैं ये भाईसाहब।

लीजिए इधर तस्वीर लगाई नहीं कि उभरते हुए नामवर अदीब का फ़ोन घनघना उठा। अरे यार वही आजमाये हुए सड़े फ़ॉर्मूलों से मामला सेट करने का उस्ताद। अजी इसकी सारी रामकहानियाँ सुन रखी हैं हमने। शातिराना तारीफ़ों के जाल में मछलियाँ फँसाने की कोशिशों की आदत का मारा है बेचारा। हुस्न की खनक से ठसक तक का, खुमारियों से लेकर शोख़ियों तक का बयान काफ़ी सभ्यता से करेगा। इतनी तमीज़ से कि लगे कि यह सारे बयान तो हुस्न के बारे में दर्शनशास्त्र से लेकर समाजशास्त्र तक के सफ़ों को शाया करने की मंशा से मुताल्लिक हैं। जनाब का कहना है कि वे तो मुझ फ़ोटो वाली मोहतरमा, जो कि ख़ुशक़िस्मती से समझदार भी मालूम पड़ती हैं और लिख-विख भी लेती हैं, के ज्ञान-चक्षुओं को खोलने के इरादे से बोल रहे हैं। वरना ऐसा क्या है? यह फेसबुक तो हसीन औरतों से भरा पड़ा है और उनको अपना वक़्त यहाँ मुझ जैसी ज़िद्दन के साथ ज़ाया करने की कोई ख़ास ज़रूरत थी नहीं। अब इस साहित्यकार के एहसान के पहाड़ तले दबने से पहले यही सोचने का मन हो रहा है कि जनाब को न्यौता किसने था तारीफ़ों के लिए। यह भी पूछने की तीखी तमन्ना उठ रही है कि जनाब आप फेसबुक हसीनाओं की आला दर्ज़े की साहित्यशास्त्रीय तसल्लीबख़्श तारीफ़ मुफ़्त में किया करते हैं या इसकी कोई फ़ीस-वीस भी सोच कर चलते हैं।

देखिए मुझ जैसी पाजी को तस्वीरें उतरवाने और उनकी नुमाइश से कोई गुरेज़ नहीं। इसलिए आप मुझमें एहसासे कमतरी या बदकिरदारी की तोहमत लगाते फिरें आपकी मर्ज़ी, पर यह कतई मत मान लीजिएगा कि आपके मन में अपनी छवि की बिगाड़ को लेकर मुझे कोई पशेमानी होने पाएगी। ये ड्रामा तो यूँ ही चाल्लेगा। हैं जी, वजह? तारीफ़ें करने वाले और तारीफ़ों के मुरीदों दोनों को ही अपनी इस ख़ब्त की कोई सटीक वजह न तो मालूम होगी और न ही उस वजह को जानने की कोई ज़रूरत ही लगा

करती होगी। ऐसी ख़ब्त कि बस यह छुआई अपलोड बटन पर अँगुली और यह लगी दूसरों के दिलों में, वक़्त में, सुकून में, मसरूफ़ियत में सेंध। हींग लगे न फिटकरी और रंग भी चोखा होय। अपने गुमसुम उदास कोने से सीधे सरे महफ़िल धमाका और दख़ल।

तो लुब्बे-लुबाब यह कि फेसबुक धाम पर सेल्फियों और तस्वीरों की पूजन-परम्परा यूँ ही जारी रहेगी। जनाब जबतक तमाशागर रहेंगे, रहेंगे तमाशबीन। इसलिए जाने भी दो यारो।

अरी सुन! सेल्फी चेपियो बिन्दास होके।

उड़ना चाहती हूँ। पर घर-कुनबे के पचड़ों, ज़िम्मेदारियों का क्या हो? उस प्यारे से बनाये गये आशियाने के लिए लगाव का क्या करूँ? इस बोझ को लेकर उड़ी गयी हर फ्लाइट में अतिरिक्त ताक़त लगानी पड़ती है। कई बार उतनी ताक़त लगाने की ताक़त भी नहीं होती भीतर। कितना अच्छा होता कि मन में कोई असमंजस ही न होता अपनी भूमिका, अपने औरतपने, अपनी फील्ड को लेकर। कितना अच्छा होता कि घर-गृहस्थी-पति को सँभालना और मस्त होकर अपने औरतपन को भोगना होता। क्या हो क्या न हो की कशमकश। ऐसा क्यों? वैसा किसलिए? मेरी ज़िन्दगी, मेरा अस्तित्व, क्यों सहूँ क्यों न करूँ विरोध। इस उथल-पुथल की वजह दिमाग़ में बसा कीड़ा है जिसका कोई इलाज, नहीं। एक है इलाज वैसे कि मर्द मर्द ही रहे और औरत औरत। इस लक्ष्मण-रेखा की तौहीन करने की हिमाक़त करें तो पूरा ज़माना एक हो जाता है, बाइ गॉड। उड़िए फिर अपने रिस्क पे वो भी विदाउट सेफ्टी बेल्ट।

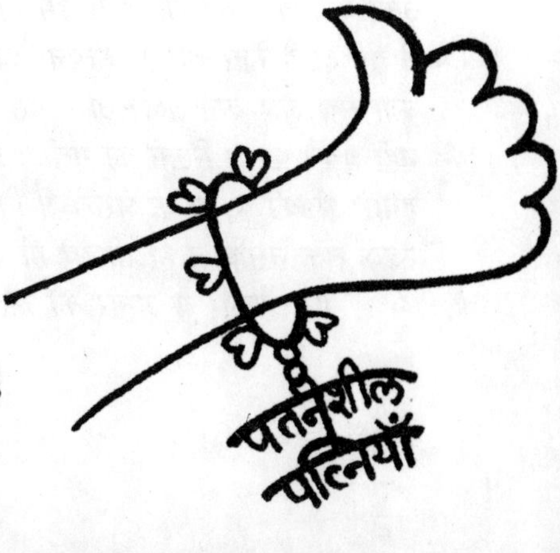

पतनशील पत्नियों के नोट्स

हम पत्नियाँ अपने अहम की बेहद टुच्ची लड़ाईयों तक को ग्लोरिफाई करके घर की इज़्ज़त का सवाल साबित कर सकने की क़ाबिलियत रखतीं हैं! उस आन-बान-शान की लड़ाई में हम परिवारों को उलझाए रखती हैं! भगवान ने हमें दी है रेज़र बारीक कल्पना की ताक़त और जानलेवा ज़ुबाँ का हुनर! क्या सच और क्या तर्क? अजी इस नुकीली तलवार के वार से कुछ साबुत नहीं बचने पाता! रिश्तों का मलीदा बनाकर हमारा टाइम पास होता है और हमारी भड़की हुई मैं के शरारों से निजात मिलती है जनाब। कलेजे की यह ठंडक तक नसीब न हो तो मर ही न जाएँ हम अबलाएँ?

मेरे आक़ा! ये अन्दर की बात है।

ख़ुशबाश बूढ़ियाँ देखी हैं क्या?

मोहल्ले के इकलौते पार्क में झुंड जमाकर बैठी बड़ी-बूढ़ियाँ हर शाम सिर्फ़ इसलिए ही वहाँ जमा नहीं होतीं कि वे अपने मकानों में पड़ी हुई उकता गयी थीं। बल्कि इसलिए भी वहाँ आ जमती हैं क्योंकि मकान के बाकी लोग भी शाम तक उनसे उकता चुके होते हैं। बूढ़ियाँ जिनके जवान हो गये राजदुलारों और बड़े होते नाती-पोतों को उनकी हाज़िरी से कोफ़्त होती है। बूढ़ियाँ जिनकी बहुएँ सिर पर सास के साये से पककर ढीठ होने के साथ-साथ हाज़िरजवाब हुए चली जा रही हैं। बूढ़ियाँ जिनमें से कुछ के पति अरसा पहले गुज़र चुके हैं और कुछ के पति हमउम्र मर्दों के साथ बागीचे का चक्कर काटते हुए देश-दुनिया और राजनीति की माँ-बहन एक करने में जवानी जितने ही जोशोख़रोश से जुटे हुए हैं। दूर से देखो तो लगता है मानो इन्तज़ामे ख़ानादारी को ताउम्र उम्दगी से निभाती आयी इन औरतों को कोई मलाल नहीं, कोई शिकवा नहीं। पर ज़रा नज़दीक से देखिए तो कैसा ख़ालीपन, कैसी वीरानगी और कैसी तो आत्मप्रवंचना से क़ाबिज़ है इनका चेहरा। नहीं बहनो! उम्र से नहीं इसका ज़्यादा तअल्लुक़ ज़िन्दगी के मक़ाम से है।

बहनो कभी नोट किया आपने? अपनी जवानी में सास की सरपरस्ती को ही अपना आख़िरी हश्र मानती आयी ये ज़नानियाँ मन्दिरों में, मज़हबी गुरुओं में, लल्ला और लालियों के पालने-पोसने में, नेग, सगुन, व्रत, पूजा, किफ़ायत, बिरादरी, मोहल्लेबाज़ी जैसी तमाम मसरूफ़ियतों के जमघट में भूली रहीं। कितना ख़ौफ़नाक है यह भूलना जिसमें जवानी के मायने पति को शरीर परोसने का फ़र्ज़ निबाहने के अलावा बच्चों की परवरिश तक ही

रह जाता हो। जिसमें ऊर्जा का मतलब मुट्ठी में रख दिये गये पैसों से, अपनी तमाम जुगतबाज़ी और समझदारी से घर को ढर्रे पर बनाये रखना होता हो। जहाँ ख़्वाहिशों का मतलब बाल-बच्चों की खूब ऊँची नौकरी और अच्छे ख़ानदानों में शादियों से फले-फूले परिवार का सपना हो। कमाल की बात है न बहनो! जहाँ शृंगार का मतलब माँग में सिन्दूर और गले में मंगलसूत्र जैसी रवायतों में ही महज़ नया और चटख चलन अपनाने से आगे कुछ नहीं होता हो। जहाँ यारी-दोस्ती का मतलब बस पड़ोसिनें, रिश्तेदारनियाँ और पति के दोस्तों की बीवियों की जमात से वाबस्ता होता हो। मानो जवानी की सिकुड़नों भरी इबारत ने ही बुढ़ापे की इस निराशा, हताशा और वीरानगी को एक मक़ाम की तरह लिख कर रख दिया हो।

अमाँ यार! ऐसा बुढ़ापा नहीं चाहिए मुझे। कितना मुश्किल है न मकान को घर बनाये रखना। उस नाचीज़ से घर को पूरी दुनिया बना लेना। जवानी को बुढ़ापे के गार में यों ही जाने देना और उस जाने देने में फर्ज़ और मक़सद की उदारता देखते रह पाना।

मैं फिर कहती हूँ ज़्यादातर औरतें इस बुढ़ापे की तसल्ली को बावजूद सारी तकलीफ़ों के बहुत सुकूनदायक और ज़रूरी मानती हैं। सर पर किसी सास-ननद सरीखा सरमाया नहीं। बेटों-बहुओं, पोते-पोतियों और अड़ोसी-पड़ोसियों, नातेदारों की पैर छूकर एहतराम करने वालों की जमात। उनकी जवानी के रगड़े-झगड़ों से ज़्यादा ख़ुशफहमी है इस मक़ाम पर। पूरी की पूरी सल्तनत के आहिस्ता-आहिस्ता

हासिल होने का सुखद एहसास। सुबह, दोपहर, शाम फ़ुर्सतों भरी। परिन्दों को दाना चुगाने से लेकर ज़माने भर की बहुओं की फ़ितरतों और कर्मों का हिसाब-किताब करने की आज़ादी। मन्दिर के चबूतरे पर जमें या पार्कों की बेंचों में धँसी पड़ी रहें। पल्लू सर पर रहे या सरका रहे। सीना उघड़ा हो तो रहे। इन बुज़ुर्गवार खातूनों को यही गफ़लत है कि यही वह आज़ादी है जिसकी तलाश तमाम उम्र रही और ऐसी आज़ादी के लिए उम्रदराज़ी के इस दौर का आना बेइन्तहा ज़रूरी था।

उफ़! कैसा तयशुदा-सा दर्दअंगेज़-सा बुढ़ापा है। कोल्हू के बैल-सा होना। दुनिया से कटकर बस अपने आशियानों के वजूद में ख़ाक हो गयी जवानी की राख-सा। न जी, मैं अपनी उम्र के मक़ाम ख़ुद तय करूँगी। पूरी चहल-पहल और रंगत भरा होगा मेरी उम्र का अगला पड़ाव भी। उस मक़ाम की हदें और शर्तें ज़माने के मुताबिक़ तय नहीं हुआ करेंगी। जनाब कैसे क्या? अपनी जवानी का फ़ैसलाकुन मैं आप बनकर यह तय करूँगी कि मेरा बुढ़ापा कैसा हो। और जनाब यह फ़ैसलों की ताक़त अपनी मेहनत और हुनर से कमाये पैसों से ही पाऊँगी। हथेली पर रख दिए पैसे से कोई भी औरत अपनी ज़िन्दगी को आज़ाद और ख़ुशनुमा नहीं बना सकती।

क्यों क्या हुआ भई कहाँ खो गये आप? ओह समझी! एक उम्रदराज़ चाहतों भरी औरत की कल्पना आपको असहज और हैरान कर रही है न जनाब?

शायद यह बात हम भी जानती हैं हम अमीर घरेलू ख़ातूनों की ज़िन्दगी सोने के हसीन पिंजरे में फुदकती मैना की सी होती है। पति की कमाई हुई बेशुमार दौलत के समन्दर की जलपरी हैं हम। हम अन्तहीन छुट्टियों पर रहने वाली विरली प्रजाति हैं। अजी क्या कहा आज़ादी? हाँ आज़ादी है न। मेहनत से आज़ादी, तंगहाली से आज़ादी, बेहिसाब आराम करने की और बेशुमार ख़र्च करने की आज़ादी, देर तक सोकर उठने की आज़ादी। फैलकर चकाचक तन्दुरुस्त हो जाने की आज़ादी। नौकर-चाकर पर मनमर्ज़ी के हुक्म चलाने की आज़ादी। और घुटन कैसी? दिन-भर सजी-धजी सहेलियाँ, रंग-रंगीली-रसीली बातें, खट्टी-मीठी चुग़लियाँ, पति से बात मनवाने के नये नुस्खे, किट्टी पार्टियाँ, पार्लर, कानों में विस्पर होते पॉर्न की खिलखिलाहटें।

पति का प्यार? जी वो मेरे खर्चने की ताक़त से ज़्यादा कमाने का हौसला रखेगा तबतक वो मेरे दिल से उतर नहीं सकेगा। और वो मुझे अपने दिल से उतार दे ऐसी नौबत न आने देने के लिए मेरे पास एक चालू ज़बान है। क़रीने का हुस्न है। और हाँ, सबसे अहम दुनियादारी के ख़ौफ़ की चाबी है ही न।

वो दिन भर 'जैक ऑफ ऑल' बनकर दुनिया से निपटता होगा पर मेरे तो स्लेबस में बस एक ही चेप्टर है-'हाउ टु सॉल्व ए डिफिकल्ट पज़ल कॉल्ड हस्बेंड' और मेरी उसमें मास्टरी है डियर!

किसी पुरुष को ज़िगरी दोस्त बनाना है

मुझे किसी पुरुष को ज़िगरी दोस्त बनाना है। सरेआम पीठ पर धौल जमाकर मिलना है और घण्टों बातें करनी हैं। पेट पकड़कर बीच गली ठहाके लगाने हैं। कन्धे पर सर रखकर बॉस की, घरवालों की, बाहरवालों की ज़्यादती का रोना रोना है। किसी शनिवार देर रात तक बेवजह टहलाव करते हुए गुनगुनाते हुए घर लौटना है। सीटी बजाकर, फ़ोन खड़काकर जब-तब उसे घर से बुलाकर नुक्कड़ के खोमचे वाले के समोसे खाने हैं। जब कभी गप करने पर आएँ तो घड़ी का मुँह दीवार की ओर कर देना है और जमकर देश, समाज, राजनीति से लेकर शरीर और बिस्तर की, जज़्बे और जुनून की, सपनों की, धोखों की बातें करते हुए जी भर सिगरेट फूँकनी है।

ज़िन्दगी का पहला हिस्सा पापा की मजबूरियों, माँ की भावनाओं के नाम कर दिया था। अब यह दूसरा पति के नाम है। पति की कितनी सहेलियाँ हैं पर मेरा कोई दोस्त नहीं की कुण्ठा को बराबरी में तब्दील करने की कई बार कोशिश की है। पर किसी भी पुरुष के दोस्त बनने की सम्भावनाओं से ही 'कुछ तो गड़बड़ है' के भाव वाली नज़रों का सामना करना होता है और दोस्ती की पींगें ज़रा भी बढ़ने पर घर-पति-बाल-बच्चों के प्रति ज़िम्मेदारियाँ नहीं निभाने का कलंक इन्तज़ार कर रहा होता है।

स्कूल के दोस्त स्कूल में, कॉलेज के कॉलेज में, दफ़्तर के दफ़्तर में छोड़ती आई हूँ बस क्योंकि वो पुरुष थे। इतनी सहेलियाँ हैं। गहनों, कपड़ों, सास, पति, फिल्मों की बातें करो। मना किसने किया है राजनीति की, देश की समस्याओं की बातें भी करो। किट्टी पार्टी करो। एक-दूसरे के बच्चों के मुंडन जन्मदिन पर आओ-जाओ। फ़ोनों पर सूट का डिज़ाइन और चायनीज़

फूड की रैसिपी शेयर करो। चाँदनी चौक घूमो-फिरो। फ़िल्म देख आओ। सब एलाउड तो है किसने रोका। यह हैरत तक की बात नहीं है कि जो एलाउड है वह भी पता है और जो एलाउड नहीं है वह भी किसी को बताने दोहराने की ज़रूरत नहीं पड़ती। सब ख़ुद ब ख़ुद पता है। ठहाके, बेफ़िक्री, गप्पें, तक़रीरें, गलबहियाँ, धौल-धप्पे दोस्ती के मर्दाना तरीके हैं जबकि चिकोटियाँ, फुसफुसाहटें, कानाफ़ूसी ज़नाना दोस्ती के।

ये सीमाएँ जिनमें कितनी सेफ्टी है। इसलिए ये सीमाएँ हैं नहीं। सुनिए मैडम! पुरुष दोस्त बनाने में तीन ख़तरे हैं। ज़माने का तो है ही। दोस्त से भी है और ख़ुद के बारे में भी निन्यान्वे प्रतिशत ही तो गारंटी है। बाकी का एक परसेंट? वह कितना ख़तरनाक है। इस दोस्ती में लगातार ध्यान, सीमा, लोगों का लगना सब मायने रखता है। इतना मायने रखता है कि ख़ुद को अपराधबोध से बचाने में अच्छी-ख़ासी ताक़त लग सकती है। इतनी ताक़त कि कई बार लगे सब ठीक हैं मैं अकेली ग़लत हूँ। औरतों के लिए दोस्ती के इस मतलब को ख़ुद भी समझकर रहना होता है और दुनिया को भी समझाना होता है। जबकि यह दोनों ही काम झक भरे हैं। यह समझाइश दूसरों के लिए 'हम सब समझते हैं' ही होकर रह जाया करती है। इतना बूता मुझमें नहीं कि जब सब, सब कुछ समझ रहे हों तो उनको वह समझाना चाहूँ जो मैं महसूस किया करती हूँ। मुझे समझाना पड़ेगा कि मैं इश्क़बाजी नहीं कर रही। मैं आवारा नहीं हूँ। गुमराह नहीं हूँ। मुझे सेफ्टी और सर्टिफिकेट चाहिए इसी जमात में रहने के लिए। दोस्ती के लिए स्पेस तलाशते और उसके भाव पर हक़गोई करते हुए अपना कितना भेजा खपाऊँ?

वैसे भी मैंने आस-पास कोई यारबाज़ औरत नहीं देखी अब तक। सब घरबारी, सभ्य, सहेलियों वाली, ज़िम्मेदार, शरीफ़ औरतें हैं। एक मैं ही किसी पुरुष से गहरा याराना बनाने की कोशिश में अपना आगा-पीछा, लोक-परलोक क्यों बिगाड़ूँ?

हैलो-हाय, काम की बात और बाय तक ही ठीक है।

लो जी अब तो ख़ुश गाँव वालो?

दर्द का नाम दवा रखा है

बेगम का बादशाह

मैं तो एक बनी-बनाई औरत थी। औरत क्या बीवी थी। तुम जब अपने लड़कपन में ज़माने भर के चस्के ले रहे थे, लफंगई, गुंडई, तफरीह, शोहदापन्ती, वेल्लापन्ती, आवारागर्दी कर रहे थे तब मैं घास थोड़े न छील रही थी जानेमन।

तुम बेहथियार जंग में उतरे हो और मैं न जाने कब से अपने इस फ़न को तराश रही थी। ओह कम ऑन मुझे तुम्हें लड़के से पति बनाना पड़ता है। यह तब्दीली कितनी जल्द हो, कितनी भरोसेमन्द और कितनी जायज़ जान पड़े—सबमें मेरी क़ाबिलियत का सख़्त इम्तिहान हुआ करता है। जिसे दुनिया जीतने की पड़ी हो उसे अपने घरौंदे की मोहमाया में न डाल सकूँ तो चलेगा कैसे? जनाब एक आवारा फिरने वाले, वक़्त-बेवक़्त की पहचान न रखने वाले, बेतरतीब शख़्स को तरतीब में लाना अहम फर्ज़ है मेरा।

अगर लड़के के लड़कपन को शौहरपन में बदला न जाए तो भैया कोई शादी न चले। ज़िम्मा ये उसका ही हुआ करता है जिसमें शादी के बाहर सोचने की क़ुव्वत नहीं होती। ज़ाहिर है ये हिमाक़त मैं कर नहीं सकती इसलिए यह ज़िम्मा मैं उठाती हूँ। है तो शादी बस रस्म भर ही। पर है अजब रस्म। लड़की को बीवी बनाने के लिए यह काफ़ी है पर लौंडे में शौहर होने की तहज़ीब और आदत एक रस्म के हो जाने से नहीं न पैदा हो जाती। ज़माना क्या कहेगा, दूसरे पतियों को देखो, अपने बापू से सीखो, मेरी सहेली के पति को देखो, बच्चे क्या सीखेंगे—जैसे लारे-लप्पे, धौंस-धमकियाँ देते रहना होता है। यानी किसी न किसी डर, दबाव, दौड़, समझौते, दुहाई या लालच में रखना होता है। ओहो जी! खुल्लमखुल्ला थोड़े ही न। पैंतरा ऐसा हो कि हर हालात में शौहर मेरे चाहे को ही अपनी चाहत मानने के

लिए मजबूर हो जाए और बस इसलिए मजबूर हो जाए कि उस वक़्त उससे बेहतर, उससे लाज़मी कोई सूरत उसे दिखाई ही न देती हो।

देखिए जनाब बेटे वाली माताओं की कुशल देख-रेख में किसी भी शहज़ादे में यह गुंजाइश बचती नहीं कि वो अपनी जोरू का खाबिंद बन सके। शादी के भँवर में फँसने से पेशतर ही शादी के जंजालों और बीवी की हुकूमत के आतंक से डरा-डराया हुआ होता है। ऐसा कि ज़हीन से ज़हीन बीवी भी उसके इस ख़ौफ़ को दूर न कर सके। जनाब जिस आदमी का सारा दिमाग़ माँ के सिखाए सबक़ों में उलझकर कशमकश में ही रहा करता हो उसकी ज़िम्मेदाराना शौहरों वाली प्रोग्रामिंग करना लोहे के चने चबाने के बराबर आफ़त का काम होता है। अजी शौहरों की माताएँ अपनी हुकूमत को अपने ख़ाविंदों पर चला-चलाकर भी मुतमइन नहीं हुई होतीं और चाहती होती हैं कि उनके सपूत भी ताउम्र माँ के हुकुम बजाते चलें बीवी की एक न सुनें। अजी औरतों के दड़बे में टुकड़ों की माफ़िक़ फेंकी गयी हुकूमत को पाने के लिए ऐसी ज़बरदस्त मारामारी हुआ करती है कि कोई औरत किसी दूसरी की उम्र, ओहदे, रिश्ते का लिहाज न करे। हर वक़्त अपनी हुकूमत के जाने के एहसास से डरी मरी रहा करे और जवाबी हमलों में एक-दूसरे के बाल नोंच-नोंच कर भिड़ जाया करे। बेटों की माँ के दिमाग़ का वहम और डर इस शौहर नाम के शख़्स को तमीज़दार, वफ़ादार, दिलदार बनने देता नहीं और मैं हूँ कि अपना हौसला कभी पस्त होने देती नहीं। अब आप बकवास तो मत ही करिए क्योंकि पराये ख़ानदान में एक यही आदमी तो है जिससे मैं ज़रा बहुत उम्मीद रख सकती हूँ। इतने सारे बैरियों में कोई तो हो जो मेरा कहलाता हो।

अब आप ही कहिए अगरचे हम बीवियों की ढलाई का काम उनकी पैदाइश से ही चालू न होता हो तो बंड बन्दों को शौहरों में ढालने का टेढ़ा काम कोई औरत कैसे करा करती? शहज़ादे को शौहर बनाओ तो जानें।

आलीजाह! बोलो भी। चुप क्यों हो?

दर्द का नाम दवा रखा है

जिस मर्द को क़ाबू करना होता है उसे मैं खूब बिगाड़ती हूँ। उसके नाज़-नखरों को सिर पर उठाती हूँ। उसके हुक्म की पाबन्द बनकर दिखाती हूँ। उसकी फ़रमाइशों को तरजीह देती हूँ। फिर धीरे-धीरे उसे मेरी और मेरे ज़रिए मिलने वाली सहूलतों की लत लग जाती है। ये लत ही मेरे वजूद की बुनियाद हुआ करती है। उसे लगने लगता है कि वो जीत रहा है मुझे पता होता है कि वो मेरे क़ाबू में आ रहा है। दरअसल मर्द को एक हुस्नपरी से ज़्यादा एक हुक्मपाबन्द औरत की ज़रूरत होती है और हर औरत को बस एक मिस्टर डिपेंडेबल की दरकार हुआ करती है जनाब।

पतनशील पत्नियों के नोट्स

शादीशुदा औरतें अक्सर ऑब्लाइज़्ड मोड में रहती हैं। पति अच्छा है, कमाता है, मारता नहीं, पीता नहीं, प्यार करता है, रात को साथ सोता है, बच्चों की फीस देता है, पत्नी के रिश्तेदारों का आदर करता है, पहनाता ओढ़ाता ढंग से है, घर टाइम पर लौट आता है, दोस्तों के सामने निरादर नहीं करता, तू तड़ाक नहीं करता, मेरे बनाये खाने की तारीफ़ों के पुल बाँध देता है सबके सामने, ...इतना सब कुछ...ओह कितनी प्रिविलेज़्ड हूँ।

दरअसल समाज में स्त्रियों की दुर्दशा का कॉमन फैक्टर देखकर अपने पति का सहज अच्छा व्यवहार हमें फील गुड फैक्टर लगने लगता है।

दर्द का नाम दवा रखा है

मुझे मालूम है तुम अपने आसपास की दानिशमन्द और प्रोफ़ेशनल क़िस्म की तेज़-तर्रार औरतों के भभके से एकदम से मुतास्सिर हो जाते हो। जानी जानते हो तब तुम मुझे अपनी गिरफ़्त से छूटते से लगते हो।

जब तुम तरक़्क़ीपसन्द बेबाक औरतों को लुभावनी नज़रों से देखते हो उस वक़्त तुम्हें मैं घर बैठ-बैठ कर मुटा गयी, आलसी, बेतरतीब और बेमेल बीवी लगने लगती हूँ।

जनाब ध्यान से देखो मैं वही हूँ जिससे शादी की हामी भरते वक़्त तुम्हारे दिमाग़ को लकवा मार गया था। अब अक्सर रात में बिस्तर पर बगल में लेटी थकाऊ औरत से तुम्हें घी तेल की बास आने लगती है। और ऐसे में तुम यह तक भूल जाते हो कि तुमने खूब हिसाब लगाकर अपने लिए एक ख़ानदानी, सजावटी घर सहेजने वाली बीवी इसलिए पसन्द की थी क्योंकि तुम्हें बौद्धिक और कामकाजी बीवी के नाज़नखरों, तकरीरों और तौर-तरीकों की कल्पना तक से वहशत होती होगी। तुम आये दिन के तरह-तरह के समझौतों और जवाबदेहियों से आज़ाद रहना चाहते होंगे।

शार्प और फ़ैंसी बीवी को लेकर रात के बिस्तर पर फ़ैंटसी तक तो ठीक है पर दिन तो बीवी नामक हक़ीक़त से ही बनता है मेरे प्यारे पतिदेव!

जब पत्नियों को अपना पति हाथ से निकलता दिखाई देता है तो पंडित के पास पत्री दिखाना उनकी आख़िरी कोशिश होती है। जबकि यदि पति को पत्नी हाथ से निकलती दिखाई देती है तो उसपर हाथ उठा देना पतियों के पास सबसे पहला और कारगर तरीक़ा होता है।

दर्द का नाम दवा रखा है

तलाक़ के खूँखार कॉन्ट्रास्ट के सामने शादी के सितम से पैदा हुए सारे दुख, तकलीफ़ें, झगड़े, अनबन, खटपट कितनी हसीन व मामूली लगने लगती हैं न। उतना ही टकराते हैं हम एक-दूसरे से कि तलाक़ की नौबत आने से ठीक पहले अपनी तेज़ रफ़्तार ईगो एक्स्प्रेस को लगाम लगा सकें। उतना ही ऐंठते हैं जितना उस ऐंठन की एवज़ में आने वाली आफ़तें सहने का माद्दा होता हो। ज़्यादातर तो ज़बानी जंग से ही अन्दर की तमाम खुंदक निकाल लेना व अकेले में बकबकाकर बाकी के एंगर-विस्फोट के मुँह पर सेफ्टी वॉल्व लगा लेने में ही भलाई दिखती है। मध्यमवर्गीय हया हमारी शादी को ठीक वहीं बचा लेती है जहाँ से तलाक़ या अलगोझे की रपटीली, काँटेदार, ज़िल्लत भरी पगडंडी शुरू होती है। घर का ख़ुशनुमा सच तलाक़ की बदनुमा कल्पना के ज़रिए ही महसूस हो पाता।

शादी कर तो बचकाने भी लेते हैं उस शादी को निभाना बचाना मँझे हुओं का खेल है जी।

जीत का जन्तर

अपनी बीवी के हाथों ताज़ा-ताज़ा लड़ाई में हारे हुए हर शौहर को यही वहम होता है कि वह अपनी भलाई में, अपनी चलाकी और समझदारी से ऐसा पैंतरा खेलकर जीता है जिसका राज़ सिर्फ़ और सिर्फ़ उसी को पता है। जबकि मैं जानती हूँ इस बार भी तुम अपने पुराने तर्कों और तरीक़ों की सोटी के दम पर मुझे क़ाबू करने की कोशिश में बुरी तरह हारे हो। तुम वो शौहर हो जिसके ऊबे हुए थोबड़े पर 'सावधान इस आदमी से उलझना मना है' के सख़्त हर्फ़ों को चस्पाँ देखकर भी मुझ जैसी झक्की पत्नी अपनी जुर्रतों से बाज़ नहीं आने पाती। एड़ी-चोटी के दम पर जंग जीतने की क़वायद में यह जुझारू बीवी तब तक जुटी रहती है जब तक कि शातिर शौहर के ख़िलाफ़ अपनी ज़िद्दी जीत के झंडे न गाड़ दे। शौहर जो लगातार की नाइंसाफ़ियों से आजिज़ आई हुई, शिकायतों और तकलीफ़ों का रोना रोती अपनी बीवी को ठीक से सुनने की ज़हमत उठाए बिना ही हाँ-हूँ करता चलता है। शौहर जिसके बुझे हुए जज़्बातों को जगाने के लिए फ़रयादी बीवी के पास आँसू, सिसकियों और हिचकियों के सिवाय कोई चारा बचा नहीं रह जाता। शौहर जो ज़नानियों की नौटंकियों से सावधान रहने के लिए अपनी माँ के सिखाए सबक़ों को याद करके ऐसा पथराया हुआ है और पिघलने का नाम ही नहीं लेता।

मुझ बीवी की ज़िन्दगी में तूफ़ान खड़े करने वाले लफड़ों को चवन्नियाँ-अठन्नियाँ समझने वाला यह अड़ियल मर्द मेरी दलीलों को सुनते हुए बीच-बीच में चौंकता हुआ नज़र तो ऐसे उठा रहा है जैसे अभी-अभी किसी सदमे के हालात से जगा हो या बस कोमा के असर में आने ही वाला हो। यह मेरी ही हिम्मत है कि मैं तुम जैसे उखड़े हुए, बदमिज़ाज और घर की

दर्द का नाम दवा रखा है

दिक़्क़तों से अनजान बन्दे को हर बार यह एहसास कराकर मानती हूँ कि मैं ही सही थी। यह कैसी ग़ज़ब दिक़्क़त है कि मेरी बातों की सच्चाई का एहसास तुम्हें एक अच्छे-ख़ासे क्लेश और ढेर सारी लानत-मलामत के बाद ही हो पाता है। अजी मियाँ-बीवी की हर जंग के आख़िर में आँसुओं में भीगी हुई एक बीवी होती है, एक मनाता-पछताता, अपनी मारी हुई मति पर तरस खाता पति होता है।

देखा! ग़र मैं न होती तो इस उलझे हुए आदमी को सुलझाकर लाइन पर कौन लाता भला?

सयानी सासों के स्यापे

सास, जिसने होश सँभालते ही अपनी शादी के, शादी होते ही बेटे की पैदाइश के और बेटा जनते ही सास बनने के ख़्वाब बुने।

सास, जिसने सास के ओहदे तक पहुँचने की ख़ातिर पच्चीस-तीस साल अपनी सास के स्यापे को सब्र के साथ सहा। सास, जो उड़ती नवेली बहुओं की हर करतूत हर कारस्तानी का काट रखती है। सास, जिसकी बारीक नज़र के काँटे में बहुओं के बहानों और बहकावों की मछलियाँ ख़ुद ब ख़ुद आ फँसें। सास, जिससे ज़बान लड़ाने वाली अकड़ैल बहू के मुँह में छाले पड़ें और अगले ही पल कड़ा सबक मिले और घर भर के सामने हेकड़ी टूटे सो अलग। क़सम से बहना सासें न हुई होतीं तो घर-घर में बदशगुनी और बदहाली का मनहूस आलम होता। बेशऊर, बददिमाग़ बहुएँ बिल्कुल बेसहारा होतीं। घरों में बरकत न होती। कौन माँगता ठाकुर जी से ख़ानदान की ख़ुशहाली की मन्नतें। बदनीयत नातेदारनियों के टोटकों का तोड़ तलाशकर सबका भला कौन किया करता। रसोई में खाना पकाने का जंजाल काटती सीधे-सादे बेटे की हद दर्ज़े की भुलक्कड़ बेग़म को कौन याद दिलाता कि सब्ज़ी में नमक भी डलेगा और दाल में अभी कै सीटी और लगेंगी, सब्ज़ी गोल कटेगी या चकोर।

सास न होती तो मौक़ों का मनमाना इस्तेमाल करने की फ़िराक़ में रहने वाली बहू दरवाज़े पर जामन माँगने आयी परलगी-बलकटी पड़ोसन के साथ घुट-घुटकर गप्पे हाँकती होती। सास न होती तो अपनी माँ और सहेलियों के साथ फ़ोन पर ही बतरस में बहती यह बतकुटन्नी, पतुरिया, कुकर की दाल और घर का चैन दोनों ही एक साथ जलाती होती। सास न होती तो

दर्द का नाम दवा रखा है

आरामतलबी की शौक़ीन यह निखट्टी बहू खाट पर बेवक़्त पसरी कूलर की ठण्डी हवा खाया करती। सास न होती तो राम क़सम ये आवारागर्दी के ऐब की मारी बहुएँ मोहल्ले भर में फिरकी बनीं डोलती होतीं और सास की बरसों की कमाई हुई इज़्ज़त को झूठी कहानियाँ सुना-सुनाकर लुटाया करतीं। सास न होती तो ये कामचोर बहुएँ दिन भर का काम आधे ही वक़्त में निपटाकर बाकी के दिन या तो मक्खियाँ मारा करतीं या चुग़लख़ोरी में ज़ाया किया करतीं। सास न हुई होती तो मोहल्ले के मर्दों से नैन मटक्के पर उतारू बहुओं के सुर्ख़ाब के पर कौन काटा करता। सास न होती तो बाग़ बग़ीचों की ताज़ी हवा खाने को बमुश्किल घर से निकली बहुओं के पास बतियाने के लिए 'सास के सितम' के मज़मून वाले कड़क क़िस्से नहीं हुए होते। सास न होती तो हर घड़ी दो घड़ी बाद हैं री, क्यों री, ए री कह कहकर बहुओं के कानों में शीरीं कौन घोला करता। सास का साया सिर पर न हुआ होता तो बेअक़्ल बहू को जानदार, शानदार, रोबीली सास बनने के गुर कौन सिखाता होता। और हाँ मैं तो भूल ही गयी कि सास न हुई होती तो मुझ नासपीटी, नाचीज़, नालायक़ को अपने पल्लू से बाँधकर जीवन भर ढोने का जिगरा दिखाने वाला मेरा ख़सम कैसे हुआ होता।

अरी कमअक़्ल! ये सब सास के सितम नहीं सास के करम हैं।

रिश्तों को हर समय ओढ़ने बरतने की ज़िद छोड़कर कभी-कभार उन्हें तहाकर दराज़ में रख देना चाहिए या फिर छत पर धूप लगने छोड़ आना चाहिए...

❝

मेरी सास मेरी दुश्मन नम्बर वन औरत है।

इसलिए है क्योंकि अपने बेटे को एक गिलास पानी भी ख़ुद पी लेने का सलीक़ा नहीं सिखाया उस स्त्री ने। पर ठण्डे दिमाग़ से सोचने पर लगता है कि चलो अच्छा ही किया। वो मेरे शौक़ पालता है, दिन भर खटकर नोट कमाकर लाता है, मेरे बच्चों के लिए एक शक्तिशाली पिता बनने की जी तोड़ कोशिश में लगा रहता है। ऐसे में दिन भर घर में पड़े-पड़े महरियों पर हुक्म बजाती बीवी पर प्यार उमड़ाने के लिए उसे भी तो कुछ कारण चाहिए। वो सलीक़े सीख जाऐगा तो मेरे लिए कोई काम कैसे बचा रहेगा। उसकी पसन्द के पकवान बनाकर क़रीने से सजाकर उसके सामने पेश करते ही उसका चेहरा एकदम से खिल जाता है। पापा-पापा करते बच्चे उससे लिपटते हैं तो दिल के एक कोने में उसके मन में उन बच्चों को दिनभर संस्कार सिखाने वाली, पालने वाली माँ के लिए नर्म भाव उठते हैं। अपनी कमाई से वो न तो सलीक़ा ख़रीद सकता था न बच्चों की परवरिश और न ही हसीन सलीक़ेदार बीवी का ही शौक़ पाल सकता था। मेरी सास ने शायद औरत होकर औरत का दर्द समझकर ही अपने बेटे यानी मेरे होने वाले पति को औरत के हाथ के सलीक़े की ऐसी ज़बरदस्त आदत डलवाई होगी। इस एक हुनर से मेरे सौ ऐब छिप जाते हैं और अपने सौ हुनर के बावजूद अपने एक ऐब की वजह से मेरा पति मेरा ही रहता है। इसलिए ही कहा जाता होगा कि एक औरत ही औरत के दर्द को समझ सकती है।

सास को सलाम।

❞

पतनशील पत्नियों के नोट्स

'बिल कौन भरेगा' से लेकर 'चाय कौन पेश करेगी' तक सब कुछ तयशुदा होने के बावजूद कुछ मुद्दे ऐसे रह ही जाते हैं जिनमें बीवी शौहर की तनातनी करवाने की ताक़त हुआ करती है।

मसलन, आख़िरी साँसें गिनती दीवार घड़ी का सेल किसके हाथ से बदला जाएगा और लगातार तीसरी बार दरवाज़े की घंटी बजने पर कुंडी किसके हाथ से खुलनी चाहिए जैसे मामूली मुद्दे भी सुरम्य घरेलू ज़िन्दगी में ज़लज़ले का पैग़ाम ला सकते हैं।

भैन जी! ओखली में सर दिया तो मूसलों से क्या डरना?

बराबरी की छप्पनछुरी

फ़ेमिनिज़्म के समर्थक पतियों की जान को हज़ार ग़म होते हैं और उन ग़मों का समझदार साझीदार कोई नहीं होता।

रिश्तेदारी में जोरू का गुलाम कहलाना पड़ता है। नौकर-चाकर, अर्दली जैसे ग़मख़्वार लोग नामर्द मानकर बेचारा और बेचारगी का मारा कहा करते हैं। तरक़्क़ीपसन्द और हमख़याल लोग दर्ज़ा ब दर्ज़ा पहले से भी ज़्यादा उदार बनने की नसीहतें ही नहीं दिया करते हैं बल्कि आपके हर जुमले के हर लफ़्ज़ के हर कॉमा से लेकर बारीक से बारीक उतार-चढ़ाव तक का जायज़ा लिया करते हैं। इस मुआयने के दम पर औरतों के लिए सेंसिटिविटी के आपके दावे का गहरा अध्ययन किया करते हैं। ऐसे औरतों के हमचश्म बनने वाले पतियों की जान को घर-गृहस्थी के बहुत से काम ही नहीं बढ़ जाते बल्कि उनको ख़ुशी-ख़ुशी किया जा रहा है की नौटंकी को भी अंजाम देना होता है। अपने मर्दानेपन को अन्दरूनी तिजोरी में क़ैद करके चाभी सँभाल कर रखने की क़वायद को अपनी फ़ितरत की तरह पेश करना होता है। आठों पहर एक हमदुश्मन को हमतराज़ू की तरह देखना पड़ता है। बीवी के हमक़दम की तरह चलना पड़ता है।

थके-हारे एकसाथ घर पहुँचे दोनों बन्दों में से कौन राहत सामग्री मुहैया कराने रसोई तक का जानलेवा सफ़र तय करेगा जैसे मुश्किल हालात अक्सर सामने आ खड़े होते हैं। ऐसे में सोफ़े पर पसरे हुए पति नामक जीव का जलता हुआ जी करता है कि इस बराबरी नाम के पालतू जानवर को उतरा हुआ जूता फेंककर मारे और जुराबों को सोफ़े की तलहटी में दफ़्न कर दे बाकी बाद में देखा जाएगा। एकबारगी तो ऐसे हक़पसन्द पति का

जी चाहता है अपनी ख़ते पेशानी पर ज़ार-ज़ार रोए और चीख़-चीख़ कर कहे कि 'हाँ मैं एक ज़ालिम, कमज़र्फ़, दक़ियानूसी पति हूँ। कर लो मेरा क्या करोगे। बहुत हुआ अब मैं जीना चाहता हूँ। वैसे ही जैसे दुनिया के सारे पति जी रहे हैं।'

यह लाज़मी जानिए सर कि निर्मल मन वाले ईमानदार पति का मन हुक़ूक़े-निस्वानी की लम्बी डगर देख-देखकर पस्त हुआ जाता है। इतनी गार में गिरी हुई, सदियों की दबाई हुई, सबकी सताई हुई ज़नानियों का उद्धार बेचारी एक अकेली जान के सहारे कैसे हुआ करे। इनकी एक मुसीबत को काटने चलो चार और पैदा हो जाया करती हैं। चलिए वो भी जाने दीजिए। आप इसका भी लगाइए कि ऐसे दिलदार, समझदार अपने पर आफ़तें लेकर औरत को आगे बढ़ाने वाले आदमी को मिलता क्या है? मर्दों के वजूद का मौक़ा-बेमौक़ा मखौल उड़ाने वाली बीवी। अपने-अपने में रहने की फ़िराक़ वाली बीवी। ख़ुद को मर्दज़ात के माफ़िक़ मानकर हुक्मबाज़ी करने वाली बीवी। पति की अहमियत को कमतर समझ उसके अहसानों को ढर्रा ही मान बैठने वाली बीवी। अजी क्या ज़ुल्म है कि दोनों को ही यह समझ न आये कि दूसरे से दबना-दबाना सब दो टके के वहम हैं कि हक़ीक़त। राम जाने इस तनातनी में कितना 'मैं' है कितना आत्मगौरव। कितना अपने को बचाना है कितना दूसरे को हराना। कितना सार है कितनी साज़िश।

देखिए जी बराबरी है ही ऐसी शै जिसका ग्राफ़ शेयर बाज़ार के ग्राफ़ से भी ज़्यादा बदमिज़ाज हुआ करता है। साला। पाजी। कमबख़्त। उठता-उठता

दर्द का नाम दवा रखा है

अचानक किसी फूँक भर से मुँह के बल आन गिरता है। जानेजाँ! बराबरी नाम की यह कमबख़्त दिलरुबा आते-आते रह जाती है हर बार। दोग़ली और दग़ाबाज़। एहसान फ़रामोश। मुई को हर क़दम पर इम्तहानात देने-लेने होते हैं। रस्साकशी को अपनी जान पर झेलकर दिखाना होता है। एक क़दम फिसला और यह लो आफ़ते जान। बराबरी की सेटिंग करने-करने में ही दुनिया के तमाम झमेले मासूम जान पर आ पड़ते हैं। जबकि मन कहता रह जाता है कि आख़िर और भी ग़म हैं ज़माने में बराबरी के सिवा।

अरी बराबरी बच्चे की जान लेगी क्या?

पतनशील पत्नियों के नोट्स

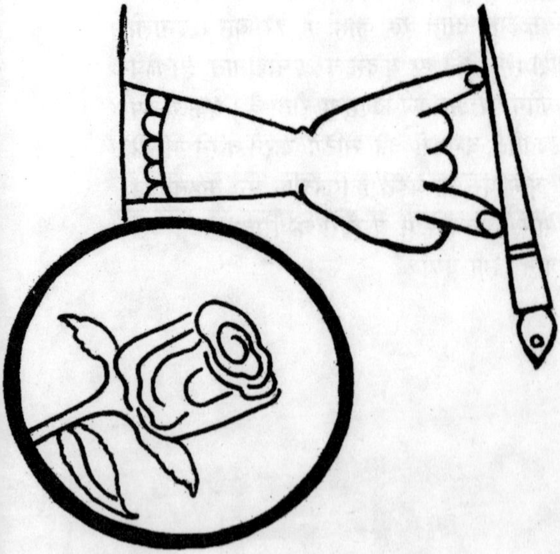

इंसान या तो प्यार में होता है या प्यार की तलाश में होता है। वह या तो प्यार का सताया होता है या फिर प्यार को ग़ैरज़रूरी शै मानकर प्यार से भागता रहा होता है। और हर इंसान के पास होता है प्यार का ख़ालिस निजी फलसफा, प्यार के बारे में कोई ज़िद्दी धारणा। फिर चाहे इंसान, नफ़रत को प्यार का एंटीडोट मानने की ज़िद से ही क्यों न भरा हुआ हो।

यानी प्यार, प्यार बस प्यार।

दर्द का नाम दवा रखा है

अपने पुरुष मित्रों को मैं ख़ालिस दोस्त के रूप में ही देखना चाहती हूँ। भाई और देवर जैसे रिश्तों के मुलम्मों के पीछे सेफ़ ज़ोन की निर्मिति करना मुझे ख़ुद की तौहीन लगती है। दोस्ती के स्पेस में रिश्ते वाले तमाम सम्बोधनों के पीछे मूढ़ मनुष्य की आदिम चेतना को क़ाबू करने की छिछली अदा दिखाई देती है जो एक उम्र और समझ के बाद कोफ़्त पैदा करने लगती है। स्त्री-पुरुष की मैत्री आग और हवा की संगत से इतर भी कोई अर्थ रख सकती है। है कि नहीं? आपकी अक़्लदानी में इतनी सहज सी बात क्यों नहीं घुस पाती भई?

बीवियों के माशूक़ नही होते

बीवियों के माशूक़ नहीं होते। उनके बस शौहर होते हैं।

शौहर जो शौहर की तरह प्यार करते हैं। प्यार जिसमें अनोखापन नहीं होता। नयापन नहीं होता। कलाई पर बँधे कलावे की तरह। रंग कितना ही क्यों न छूट जाये कलावा बस बँधा रहना चाहिए। माशूक़ का प्यार तो आसमान में बनते-बिगड़ते बादलों का सा होता है। कितने ही रंगों के और क़िस्म-क़िस्म के आकार के बादल। ठहराव का पता नहीं पर है दिलकश रूमानियत भरे। हर बार नये-नये रंग आँखों में उतारते से। कब बरस जाएँ और कब टरका दें। भरमा दें। नहीं नहीं ऐसे कैसे चलेगा। मुझे तो वो प्यार चाहिए जो छाते की तरह फैलकर ओट देता हो। धूप न लगे, छाँव बनी रहे, बस मज़बूती से छाते का हैंडल पकड़े रहूँ। अजी क्यों देखना आसमान? ज़मीन दिखती रहे बस। आसमान बहलाता है, मुझे बहलना नहीं है, बहना नहीं है। टिककर रहना है।

दर्द का नाम दवा रखा है

दिन भर बीवी बनकर उकताई हुई, चुकी हुई मैं जब बिस्तर पर पहुँचती हूँ तो अक्सर चाहती हूँ कि मेरा चेहरा अपने हाथों में थाम ले कोई। एक वफ़ादार ज़नानी हूँ इसलिए किसी पराये माशूक़ की जगह मैं तुम्हें ही अपनी कल्पना में ले आती हूँ। चाहती हूँ कि प्यार भरी दो सजीली आँखें मेरी आँखों में देखती रहें और मैं बस बोलती रहूँ। बिना लाग-लपेट के एकदम सहज होकर बस बड़बड़ाती चली जाऊँ। छोटी-बड़ी, घटिया-महान, फ़िजूल की-काम की, प्यार-नफ़रत और हसरत की वो सब बातें जो कहने से बचने में या कहने के तरीके तलाशने में एक बीवी की सारी की सारी ताक़त चुक सकती है।

पर क्या ही ज़ालिम इत्तेफ़ाक़ है कि तुम मुझे चाहते हुए कभी नहीं भूलते कि यह एक बीवी है और मैं तुम्हें शौहर की सूरत में ही कसकर याद रखने की आदत का शिकार हुई रहती हूँ। हमें अपना मियाँ-बीवी होना इस कदर रटा हुआ है कि हरदम चौकस और मुस्तैद रहते हैं। इस चौकसी के चक्कर में इश्क़ अगर कभी उगता भी है तो हाथों हाथ काफ़ूर भी हो रहता है। जानेजाँ! फर्ज इश्क़ का इम्तिहान लेता है और हर बार यह नाचीज़ फर्ज़ जीत जाता है माशूक़ हार जाता है।

ओह मैं क्यों भूल रही हूँ कि फर्ज़ और काम के बोझ में खटती हुई पत्नी को माशूक़ा की तरह चाह पाने की ज़िद में तुम्हें भी तो सिफ़र ही हाथ लगता होगा।

क्योंकि बीवी भी कहीं माशूक़ा होती है भला।

पढ़िए गीता बनिए सीता

हमारे यहाँ लड़कियों से बीवियाँ बन जानेवालियाँ अपना मायका छोड़ने के बाद अक्सर सबसे पहले अपना पढ़ना-लिखना छोड़ दिया करती हैं। बेटियों के लिए तालीम, उम्र, शादी और जच्चगी में मासूम-सा मालूम पड़ने वाला बैर हुआ करता है। एक ऐसी क़ुदरती रंजिश जनाबेआली कि मुल्क की हर लड़की ऐसे में आत्म-समर्पण कर देने को अपना पहला फर्ज़ समझती होती है। पढ़ाई के पिटारे को अपने साथ ससुराल ले जाने वालियाँ तो ख़ालिस बदगुमान ही नहीं बददिमाग़ भी कहाई जाती हैं।

पढ़ाई यानी एक लग्ज़री। पढ़ाई यानी टाइम पास। पढ़ाई यानी वक़्त की बर्बादी। ज़माने के लिए यह एक ऐसा ऐब है जो बेटी को आवारा, मुँहफ़ट और बदज़बान बना सकता है। जो बीवी को स्वार्थी, शक्की, झगड़ालू, तक़रीरें देने वाली, वक़्त ज़ाया करने वाली, भेजा चाट जाने वाली, बिन माँगी सलाहें देकर छोटा मुँह बड़ी बात करने वाली, अपने मन की करने वाली, घमण्डी ख़ातून बना सकता है। ऐसे ऐबों वाली बीवी और बहू किसी काम की नहीं होती। हम तरक़्क़ीयाफ़्ता तबक़ा हैं इसलिए तालीम को निहायत ज़रूरी समझते हैं। पर ऐसी तालीम पर मिट्टी फिरे जो बेटियों को बेअदबियत से सवाल पूछने वाली, बेवक़्त बाहर रहने वाली, तुनक मिज़ाज और बहसबाज़ बना डाले। ऐसी औरतें दुनिया-जहाँ सब फ़तह कर सकती हैं पर बस अपना घर नहीं चला सकतीं। बेटियाँ पढ़ें तो उनमें अदब, आज्ञाकारिता, विनम्रता, सहनशीलता बढ़े। तहज़ीब और शराफ़त में इज़ाफ़ा हो। शीरींजबाँ बनें, सलीक़ापसन्द बनें। कामकाज में चुस्त बनें। हयादार बनें।

हाय! कितने जदीद ख़याल हैं। कितनी मासूम उम्म्मीदें हैं ये। सदक़े जाऊँ आलमपनाह।

हमारी शोशेबाज़ जमात भी ग़ज़ब है। हमारे यहाँ रिश्ते ऐसे मिलाए जाते हैं जैसे मैचिंग सेंटर में साड़ी के लिए फॉल चुनी जा रही हो। लड़की हमारे बेटे के लायक़ होती हो पर उसके साथ वैसे ही रहने वाली हो जैसे साड़ी के रंग पर निसार होती फॉल। निचली तह में हो पर साड़ी के ताने-बाने के गुरूर में से झलकने न पाये। साड़ी से इतनी बारीक तुरपाई से सिली गयी हो कि ऊपर से धागा नज़र में न आता हो। सिलाई ऐसी ज़िद्दन हो कि साड़ी कहीं भी मुँह मारती फिरे पर फॉल अपना मुँह न खोलती हो न उधड़ती हो।

अजी ठहरिये रूठते काहे हैं? ओहो मैं तो मज़ाक़ कर रही थी आप अपना दिल न जलाएँ जी। वैसे आपने ग़ौर किया कि रिश्ता मिलान के लिए किसी बिचौलिये के घर के सोफ़ों पर, दूरदराज़ के पार्कों की घास पर और कुछ नहीं बने तो हल्दीराम की कुर्सियों पर जमकर लड़के की तरफ़ से पारी खेलने वालों का अक्सर सबसे ज़रूरी सवाल, 'बेटी कहाँ तक पढ़ी हो?' हुआ करता है। बस इसी जाने-माने सवाल के शानदार जवाब की ख़ातिर पढ़ाई के सिरदर्द को मोल लिए रहनेवालियाँ। शादी के बाज़ार में पढ़ाई को एक ताक़तवर पैरामीटर मानकर शादी होने तक अला-बला कोर्सों में दाख़िला लेकर पढ़ने का जंजाल काटने वालियाँ। सारा साल सहेलियों के साथ बाज़ारों की चाट-पापड़ियों और कैंटीन के समोसों पर निसार कर चुकने के बाद इम्तिहान की सफ़ों पर जवाब की जगह 'मैम, सर आपको मेरी क़सम आप मुझे पास कर देना वरना मेरे पापा मेरी पढ़ाई छुड़वा देंगे' जैसी दिल दहलाऊ, आत्मा तड़पाऊ अपीलें करने वालियाँ। घर पर आई

नाना-प्रकार की दिक़्क़तों के हल के रूप में अपनी पढ़ाई को क़ुर्बान कर देने के लिए सबसे आगे रहने वालियाँ। अपनी बेहयाई के लिए अक्सर ही अपनी पढ़ाई पर तोहमतें सुन जानेवालियाँ।

कमाल है न शराफ़त से तालीम हासिल करते-करते एक दिन अचानक ब्याहकर चली जानेवालियों की कितनी बड़ी तादात है हमारे यहाँ।

पतियों के लिए भी पढ़ी-लिखी बीवी की डिग्री शादी की तारीख़ के बाद उतनी ही बेमानी हो जाती है जितनी कि शादी के बाद शादी का सर्टिफिकेट और शादी का सेहरा। उनके लिए एक तालीम वाली बीवी यानी जो रसोई की रेसिपीज़ पढ़ने और राशन पानी की लिस्ट लिखने जैसे छोटे से छोटे काम से लेकर बाल गोपालों का होमवर्क करवाने और उनकी स्कूल-डायरी पढ़ने के काम अपनी डिग्री के बल पर आसानी से कर लिया करती है। बीवी, जिसने बी.ए. के आख़िरी साल के पहले पेपर से ठीक दो दिन पहले शादी के लिए इसलिए हामी भर दी क्योंकि घरवालों के हाथ से एक अच्छा-सस्ता रिश्ता निकला जाता था। बीवी जिसे अपनी डिग्री से हासिल गुरूर को ससुराल वालों की ज़रूरतों और मौक़ों की ज़रूरतों के हिसाब से दिखाने ही नहीं छिपाने तक में महारत हासिल होती है। बीवी, जो रिश्तेदारों के सामने बहू की डिग्री के बखान के बहाने अपने बेटे की क़ाबिलियत पर तारीफ़ें बटोरने वाले ससुरालियों के अहम को सहलाना बख़ूबी जानती होती है। बीवी, जो घर-ससुराल के बड़े-बड़े फ़ैसलों के मौक़ों पर रसोई से ला-लाकर चाय-पकौड़ियाँ परोसती सब सुनती है पर चुप रहा करती है। माने चुप लगा जाना, कन्नी काट लेना, ज़बान न लड़ाना, ग़म छिपाना, नज़र चुराना, पाँव पखारना, चँवर डुलाना जब जैसी ज़रूरत हो कर लिया करती है।

अरे भैया आप मानो या न मानो पर हमारे यहाँ तो असली पढ़ी-लिखी बीवी वो जो अपने सारे मैडल मायके के शोकेस की शान के लिए और सारे सर्टिफ़िकेट और डिग्रियाँ ससुराल के लॉकर की ख़ातिर कमाती है और अपनी फ़लानी ढिमकानी डिग्री के बावजूद एक शान्त, सुघड़ और क़ायदे की हयादार बीवी बनकर दिखाती है।

अरी छोकरियो! बीच का रास्ता नहीं होता। पलीता लगा दो तालीम के रास्ते की तमाम दुश्वारियों को।

कछुआछाप माँ का माफ़ीनामा

दो-दो दामनसवार बच्चों की माँ हूँ जनाब और उनकी बीती क्लास की रिपोर्ट कार्ड पर हाथ रखकर क़सम खाती हूँ कि जो कहूँगी सच कहूँगी। सच के सिवाय कुछ न कहूँगी।

देखिए मी लार्ड! ए, बी, ओ जो हमारे ज़माने में फ़कत इंसानी खून के नमूनों के लिए जाने जाते थे आज उनको कौम के बच्चों की स्कूली रिपोर्ट-कार्ड पर ठप्पे के लिए इस्तेमाल किया जाने लगा है। जनाब इस तकनीक से देश के बच्चों के अलग-अलग दर्ज़े ही नहीं बने बल्कि क़ौम की माताओं की भी अच्छी, बहुत अच्छी, बहुत ही अच्छी और बुरी, बहुत बुरी और बहुत ही बुरी नामक कोटियाँ ईजाद हो गयी हैं। जनाब आप सच कहते हैं कि अगरचे मैं एक सलीक़ेदार ज़िम्मेदार माँ हुई होती तो मेरे नौनिहालों के प्रगति-पत्र में इस बाबत पूरा-पूरा सबूत होता। बच्चा स्कूल के मंच पर सबसे आगे राजाबाबू बनाकर पेश किया जाता। सालाना जलसों में उसके हाथों से चीफ़ गेस्ट गुलदस्ते भेंट लिया करते। स्कूल के अन्दर जाने वालों की नज़रों के आगे मेरी आँख के तारों की तस्वीरें हुआ करतीं। इनामात हासिल करते हुए, मैदान में क़दमताल करते हुए, लैब में परखनली हिलाते हुए खिंची तस्वीरें। मुझ चमत्कारी माँ को स्कूल के जलसों में सबसे आगे की सीटों पर बैठने की इज़्ज़त बख़्शी जाती। स्कूल की पी टी ए मीटिंगों में सब माएँ मुझे और मेरे लख़्तेजिगर को हसरती निगाहों से देखा करतीं। बेसलीक़ा माताओं को उनके कछुआछाप बच्चों की कमियाँ बताने वाली ज्ञानी उस्तादनी मुझ जैसी उम्दा माँ के दर्शन मात्र से गदगद हो जाया करती।

जनाब अब आपकी क्या ख़ता। मैं तो ख़ुद की नज़रों में भी एक मुजरिम

माँ हूँ। एक ऐसी माँ जिसने गली में ऊधम मचाते और पार्कों में धमाचौकड़ी करते अपने बच्चों को रोकने-टोकने की कोई ज़हमत नहीं उठाई। बस पड़ी-पड़ी आवारा और ख़राब होते देखती रही। जिसने स्कूल नाम की रिफाइनरी में ख़ुद को कच्चे माल की माफ़िक़ झोंककर लौटे अपने बच्चों के थके होने और मन न होने जैसे बहानों पर यक़ीन ही नहीं किया बल्कि पसीजी भी। सब कहते रह गये पर इस ज़िद्दन माँ ने अपने ज़िगर के टुकड़ों को किसी नेक ट्यूशन सेंटर के हवाले करने का काम नहीं किया। जिसने बच्चों के स्कूल से आने वाले हॉलीडे के होली होमवर्क को हलके में लिया। उन कामों को अपने लिए भेजा गया होमवर्क न मानने की जुर्रत की। उसे बच्चों की ऊलजुलूल कलाकारी के हवाले करती चली और ख़ुद अपनी नौकरी में लगी हुई मस्ती करती रही। जिसने पीसा की मीनार से लेकर वॉल मार्ट स्टोर के मॉडल वाली स्कूल की फ़रमाइश को सर माथे पर नहीं लिया। 'यहाँ स्कूलों के मॉडल तसल्लीबख़्श बनाये जाते हैं' के नारे वाली शिक्षासेवी दुकान की शरण में जाने की समझदारी दिखाने की बजाय मॉडलों को ख़ुद बनाकर मॉडल माँ बनने की कोशिश की। अजी अपनी घटिया कलाकारी दिखाने की बेवकूफ़ी की और क्या। इस तरह की चालूपंती से पैसे और वक़्त बचाने की कोशिश में यह शाणी माँ साल भर अपनी और अपने बच्चे की नाक भरी क्लास में कटवाती रही।

हुज़ूर मैं वो नासमझ और वेल्ली माँ हूँ जो बच्चे की कॉपी में टीचरों के लिखवाये ज्ञान में अपनी समझदारी के जाल से ग़लतियाँ पकड़ने का कुफ़्र किया करती है। जो अपनी चुप न बैठने की गन्दी आदत के चलते उन ग़लतियों को अपने हाथ से सुधारने तक से बाज़ ही नहीं आती होती। इस

उतावलेपन के चलते बच्चे की टीचर के अहम को उकसाकर अपने मासूम बच्चे के लिए मुश्किल हालात पैदा कर दिया करती है। मुझ जैसी अक़्ल की मारी माँ का संगदिल तो देखिए जो अपने बच्चे और स्कूल द्वारा लिखवाये गये जवाबों के बीच दीवार बनने का काम किया करती है। जो पहले तो बच्चे को सोच-समझकर अपनी ख़ुद की ज़बान में जवाब लिखकर आने की वाहियात सलाह दिया करती है और फिर बाद में इम्तिहान में बच्चे के नंबर कट जाने पर हैरान हुआ करती है। और तो और फिर वह निमाणी बनकर घर भर के लोगों के सामने अपनी मासूमियत के बाबत फ़िज़ूल दलीलें भी पेश किया करती है।

मैं वो माँ हूँ जो घरों-दुकानों में खुले कला-सेंटरों की 'हुनर उभारो, बच्चा सँवारो, देश निखारो' वाली ऊँची मंशा की क़द्र न करके अपने बच्चे को घर में सड़ने के लिए बैठाए रखकर ख़ुद आराम फ़रमाया करती है। मैं वो बेवकूफ़ और कामचोर माँ हूँ जो जब-तब बच्चों को बराबर मौक़े और कम होमवर्क दिए जाने की बाबत स्कूल मैनेजमेंट से ख़तो किताबत किया करती है। इस तरह की छोटा मुँह बड़ी बात से और हद दर्ज़े की अड़ंगेबाज़ी से स्कूलवालों का क़ीमती टाइम खोटी किया करती है।

जज साहब! मुझे सुधरने का एक मौक़ा दीजिए। मेरे अन्दर भी एक माँ का ज़िगर है और मैं भी कर्तव्यपरायण, ममतामयी, चुस्त, सलीक़ेदार और नेक माँ का दर्ज़ा चाहती हूँ। अपने बच्चे की दुश्मन नहीं हूँ साहेब। मेरी दिक़्क़त बस इतनी है कि मैं माँ हूँ और बस माँ ही की तरह सोचती और महसूस किया करती हूँ। आप सब अगर मुझे अपनी भूल सुधारने का मौक़ा दें तो मैं वादा करती हूँ कि आपकी तरह ही देखने-सोचने की आदत डाल लूँगी और आप सबको शिकायत का कोई मौक़ा नहीं दूँगी क्योंकि आख़िर मुझे भी अपने बच्चे को बड़ा और कामयाब बनाना है।

प्लीज़ साहेबान बस एक मौक़ा और देकर तो देखिए।

सक्सेस्फुल स्पर्म का मतलब सक्सेस्फुल बच्चा पैदा होना कतई नहीं है। फीटस मैच्योर होकर डिलीवर होता है पर बाहर की दुनिया में उसे अपने टाइमज़ोन में सक्सेस्फुली कंसीव्ड व डिलीवर्ड होकर दूसरों से भी उतनी ही फाइट व कम्पीटीशन करना होता जितना उसने अपनी हस्ती बनाने के लिए मदर के वैजाइनल कैनाल में बाकी के स्पर्म्स से किया था। लाइफ इज़ ए रेस। वन हैज़ टू रन एंड रन फ्राम द बिगिनिंग। इस फैक्ट को मानिए।

आपका बच्चा जीनियस पैदा नहीं हुआ, यह आपका दोष है। वो जो है उसका पता हम नर्सरी स्कूल वालों को चल जाता है बस माल को लेबलिंग के बाद यहीं से एकॉर्डिंग्ली ट्रीट करना चालू होता है। पेरेंट शुड एक्सेप्ट द लेबल एवार्डिड बाय द स्कूल और पेरेंट्स शुड वर्क हार्ड ऑन देयर चाइल्ड। ट्रेन हिम हार्ड फार द बिग एंड टफ फाइट कॉल्ड लाइफ। मैम।

हायो रब्बा। बच्चा जन तो दिया पर अब इस स्कूल नाम की साँसत से उसे बचाऊँ कैसे।

भैया! बड़ी कड़क वाली झाड़ झाड़ी हैं उस्तानी जी। अजी उस्तानी है राच्छसी?

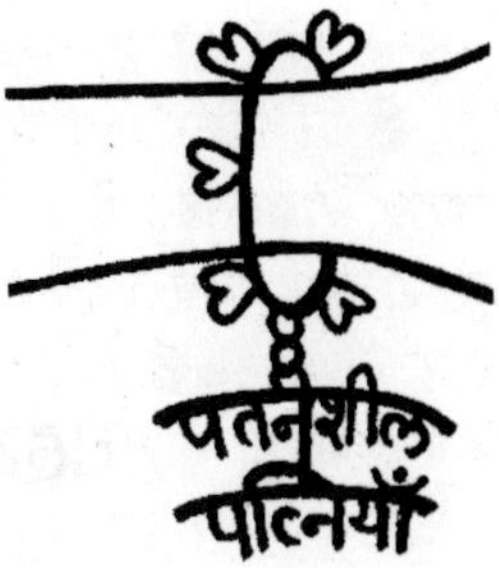

ट्रायल रूम के बाहर बीवी के इन्तज़ार का सुख भोगते शौहर बहुत मासूम और उत्साही दिखाई पड़ते हैं।

ऐसे क़ाबिल शौहर उस ख़ाली वक़्त को तमीज़ से बिताने की नीयत से जब शोरूम की बाकी खरीदारनियों को निहारते होते हैं तब तो उनकी मासूमियत क़हर बरपाती लगती है। क्या कहिए जनाब! दिलेरी भरी पोशाक की मनमाफ़िक़ तारीफ़ की उम्मीद से भरी आँखें। अरमानों भरी रफ़्तार। पोशाक 'फिट आ गयी, आ गयी' की विजय पताका फहराती पति की ओर बढ़ती आती लुगाई। ऐसे ज़ज़्बाती आलम में मन में तुरत फुरत कोई बैलेंस्ड जवाब बनाता वह शौहर दुनिया का सबसे बेसहारा जीव जान पड़ता है।

सच सहा न जाए झूठ कहा न जाए।

दस्सो, की मैं झूठ बोल्या?

तहख़ाने वालियाँ

हर घर में प्यारी, राजदुलारी और लाड़ली बेटियाँ हुआ करती हैं।

माँ के घर पर देर तक सोकर उठने वाली। बात-बेबात नानुकुर करने वाली। भाई-बहनों से जमकर उलझने-बहसने वाली। हाट बाज़ारों में तफ़रीह करते हुए डोलने वाली लाडली और प्यारी बेटियाँ। बेटियाँ जिनके सुख के लिए माँ-बाप हज़ार दुआएँ माँगते रहने के बावजूद उनकी ख़ुशहाल ज़िन्दगी को लेकर परेशाँ ही रहा करते हैं। बेटियाँ जिनकी परवरिश में यह ध्यान रखा जाता है कि भाइयों से ज़्यादा न हो तो उनके बराबर ही सही दुलार और सुविधाएँ वे पाती रहें। बेटियाँ जिनको काम में गलते देख, दुखी या बीमार देख माँओं के कलेजे में से दुख भरी आह निकला करती है। इस मंज़र की कल्पना तक से उनका दिल काँप उठता है कि बेचारियों को अपने घर जाकर न जाने कितने संगदिल और कैसे ख़ुदग़र्ज ससुरालियों के सितम झेलने होंगे। बेटियाँ जिनके दुख की हर परछाईं में माँओं को अपना दुख भरा अतीत दिखाई दिया करता है और वे बेटियों पर आने वाली आफ़तों को टालने के लिए कितने ही व्रत-पूजाएँ-मन्नतें माँगते हुए जीती होती हैं। बेटियाँ जो नाज़ों से बाबुल के घर में पला करती हैं और एक दिन बहुत सारी दुआओं, मन्नतों के धोखेबाज धागों, बेबिसात उम्मीदों और नाक़ाबिले एतबार किस्मत के सहारे किसी अनजान आशियाने में जा बसने के लिए रुख़्सत कर दी जाती हैं।

हर घर में एक बहू भी होती है। बहू जो किसी दूसरे के घर से आयी हुई कमअक्ल और नासमझ पर चालाक और चपल शै हुआ करती है। बहू जो हरदम, हरवक़्त और हरएक की ख़िदमत में हाज़िर तो होती है पर बेहद

बेमनी बनी हुई रहती है। बहू जो ज़रा- सी अँगुली कट जाने या सर दुखने तक पर बावेला मचाकर आराम फ़रमाने अपने कमरे में जा धुसती है। बहू जो रहती खाती ससुराल में है पर उसका मनचला मन अपने मायके वालों से जुड़ा रहा करता है और इस या उस बहाने से वहाँ का चक्कर काट आने की फ़िराक़ में ससुरालियों को अनदेखा किया करती है। बहू जो अपनी समझदारी और दानिशमंदी का रुआब झाड़ने के मौक़े चूके बिना बड़बोली बनने से बाज़ नहीं आती। बहू जो अपने सुख, अपने आराम, अपने काम के लिए मौक़े निकाल-निकालकर कोने में कट जाया करती है। बहू जो पैदाइश से फ़रमाबरदार, तमीज़दार बेटे को बेअदब और बेकार बना डालती है। एक माँ भक्त सपूत को अपना हिमायती और हमदर्द ही नहीं गुलाम तक बना डालती है। बहू जिसपर जितनी मर्ज़ी

तीख़ी नज़र और तेज़ नाक रखे रहो वह अपनी मनमानी करने से बाज़ नहीं ही आती होती। बहू जिसने ससुराल को अपना मायका समझ रखा है और अपने पति की माँ को अपनी माँ समझने की ज़ुर्रत की है।

जनाब! जैसे ख़ुशनुमाई से जीने की मामूली-सी हसरत को पूरा करने के लिए आपकी बेटी को आपके घर का रुख करना पड़ता है वैसे ही आप चाहते हैं कि दूसरे की बेटी भी इस मामूली चीज़ को आपके यहाँ और आपके रहते न पाकर अपने घर जाकर ही पा सके। आप महान हैं क्योंकि आप चौबीसों घंटा चौकस रहते हैं कि आपके सामने आपकी अपनी बेटी है या दूसरे किसी की।

अजी आपको दोगला या ज़ाहिल कौन कह रहा है जनाब। हम तो इतना अर्ज़ कर रहे थे कि बस ज़रा घर बदल जाने से बेटी बहू और बहू बेटी बन जाती है।

अय्यार ज़नानापन

हम लुगाइयाँ यों बदनाम होती हैं कि हम लगाई-बुझाई की शौक़ीन हुआ करती हैं।

जनाब बात इत्ती साफ़ सी तो है। सारा दिन घर से बाहर रहकर बस कमाने के तरीके सोचने वाले किसी शौहर के पास न इतना वक़्त होता है और न ही इतनी सलाहियत कि घर गृहस्थी के दाँव-पेंच समझ सके। ये तो घरनियाँ ही हैं जो मर-खपकर अपने गुलशन को आबाद रखती होती हैं। ऐसे कि आपको कोई ज़हमत न उठानी पड़ती हो। मैं तो कहती हूँ कि काम पर गये हुए शौहर के बाल-बच्चों, मकान-जायदाद और इज़्ज़त की रखवाली करने के बजाए सुकून से बैठकर शौहर की कमाई खाने वाली और खाली बैठे-बैठे बस मुटाती जाने वाली लुगाइयों पर सौ-सौ लानतें। तुम मुझे तिल का ताड़ बनाने वाली, चट्टान का चूरा कर देने वाली, शक्की और वहमी कहकर मेरी वफ़ादारी का सीधा-सीधा मज़ाक उड़ाने की जुर्रत कर रहे हो। मैं तो कहती हूँ कि अपने ही पैरों पर कुल्हाड़ी मार रहे हो। एक दिन आएगा जब तुम मुझे समझोगे और तभी तुम यह भी समझोगे कि तुम्हारे अपने सगे बनकर तुमसे प्यार जताने वाले दरअसल तुम्हें लूटना चाहते थे। तुम्हारा इस क़दर बुरा चाहने वालों, तुम्हारा फ़ायदा उठाकर तुम्हें वेवक़ूफ़ बनाने वालों को मैं बहुत ख़ूब समझती हूँ। तुम क्या जानो कि

घर, मुहल्ला, नौकर-चाकरों और रिश्तेदारों के लफड़े-पचड़े में दिमाग़ लगाने वाली लुगाई पर क्या बीतती है। होंठों में सिगरेट-सिगार फँसाए आँखों के आगे ताज़ा न मिले तो बासी ही अख़बार फैलाए अपनी आरामकुर्सी में धँसे शौहर को क्या पता कि किस नातेदार ने किस बात पर कहाँ, कैसे और क्या ताना मारा, किस पड़ोसी ने किस बात पर कब और कैसे नीचा दिखाने, जलाने-कुढ़ाने के लिए क्या चाल चली। यह जान लो कि हम बीवियाँ न हों तो शौहरों को कभी पता न चल पाये कि सीधे-सादे दिखने वाले मुहल्लेवाले और नातेदारों की भली, सीधी और सच्ची बातों की चाशनी के खोल में कैसे-कैसे ज़हर-भरे काँटे मौजूद हो सकते हैं।

क्या कहा तुमने? मैं ज़नानियों वाली हरकतें करती हूँ? हे भगवान! मैं और मेरा ज़मीर ही जानता है कि एक-दूसरे को नीचा दिखाने के मौक़े तलाशने को आमादा जलती ज़नानियों और नेक बनने की नौटंकी में माहिर नातेदारों के बीच ज़िन्दा रहने के लिए इसके सिवाय मेरे पास कोई और रास्ता बचता ही कहाँ है। मैं दूध की जली हूँ इसलिए दूर से ही हर मुसीबत की आहट पहचान लेती हूँ। कोई मुझे नीचा न दिखा जाए इसलिए मैं लोगों को नीचा दिखाती चलती हूँ। कोई मुझे चिढ़ा न जाए इसलिए मैं ही लोगों को चिढ़ा दिया करती हूँ। कोई मेरे सुख में आग लगाये इससे पहले मैं ही दूसरे के सुख को छलनी कर देने वाला नुकीला नश्तर छोड़ बैठती हूँ। इतना-सा ज़नानापन भी नहीं किया करूँगी तो उन ज़नानियों के बीच एक पल को भी टिकने नहीं दी जाऊँगी।

अजी बावले हो आप तो। भई मुझे ऐसे स्यापों में जान इसलिए गलानी पड़ती है क्योंकि घर और घर की इज़्ज़त की चिन्ता मुझ अकेली के कन्धों पर सौंपकर तुम ख़र्राटे मारकर सोते हो। सारी दुनिया का सच यही है कि पतियों की अपनी एक दुनिया होती है जहाँ घर और घर के क्लेशों के लिए ज़्यादा जगह नहीं हुआ करती। अगर होती तो मुझ अकेली को इतने सारे पैनेपन और मुस्तैदी के साथ रहना ही क्यों पड़ता? तुम क्यों नहीं समझते कि लोग मेरे बहाने से तुमपर और हमारे घर पर निशाना कस रहे होते हैं। यह सब देख जान कर भी मैं तुम्हारी तरह चैन की बंसी बजाते हुए मस्त रहूँ ऐसी कमबख़्त नहीं हूँ।

पतनशील पत्नियों के नोट्स

देखो यह घर मेरा है कोई माने या न माने इसे बुरी नज़रों और बुरे इरादों से बचाने के लिए हर समय मुस्तैदी से तैनात रहना मेरा फर्ज़ है। मेरे पास एक छिपी हुई इन्द्री है जिससे घर पर मँडराने वाली अनदेखी आफ़तों को भी समझ-बूझकर उनसे निपटने की भी पूरी तैयारी रखती हूँ। किस बग़लवाले और किस नातेदार को कब दुत्कारना है कब पुचकारना है? कौन अच्छा है कौन ख़राब? किससे बनानी है किससे बिगाड़नी पड़ेगी? तुमको वैसे ही नहीं पता रहता जैसे मुझे यह कम ही पता रहता है कि पड़ोसी मुल्कों और हमारे मुल्क के बीच क्या चल रहा है क्या नहीं। देश-दुनिया की बड़ी-बड़ी बातों की छोटी-छोटी पेचीदगियाँ समझकर रहना शौहरों को अपना सबसे ज़रूरी काम लगता है वैसे ही घर की छोटी-सी दुनिया की बड़ी-बड़ी पेचीदगियों पर हम लुगाइयों को ही अपनी पैनी नज़र रखनी होती है।

जैसे तुम्हें यक़ीन नहीं है कि कोई लुगाई मिस्त्रियों से घर के काम करवाने, बिजली का सामान खरीदने, मोल-भाव करने जैसा काम ख़ुद को चूना लगवाए बिना भी कर सकती है वैसे ही मुझे भी इस बात पर शक ही नहीं पूरा यक़ीन है कि तुम अपने सगों और नातेदारों के पैंतरों को समझकर अपनी, मेरी और मेरे बाल बच्चों की भलाई का इन्तज़ाम कर ही नहीं सकते हो।

ओ मेरे मियाँ ये मेरा ज़नानापन नहीं सयानापन है। क़सम से।

निगोड़ी होली के हवाले

होली है ही एक ऐसा मुरादी मौक़ा जब हम बीवियाँ हर ऐरे-ग़ैरे की भाभीजान बन जाया करती हैं। ऐसा हो-हुल्लड़ वाला करामाती दिन जब गली-मोहल्ले कुनबे के मज़े के मुरीद तमाम छोटे-बड़े छोकरे, शोहदे और लफंगे से लेकर कई सज्जन तक भाभीबाज़ देवर का अवतार ले बैठते हैं।

बरख़ुर्दार! यह एक ऐसा मुक़द्दस त्यौहार है जब पूरे माहौल में लुगाइयों और भौजाइयों से खिलवाड़ करने की सांस्कृतिक इजाज़त हुआ करती है। अरे भाई माना कि भौजाइयाँ भी खिलन्दड़ी कम नहीं होतीं पर इतनी हिम्मती भी नहीं होतीं कि अपने खिलन्दड़पने की आड़ में दिल के कोनों में छिपी अपनी भड़ास को पूरा कर लें जैसा कि अक्सर मर्द करते पाये ही जाते हैं। बुरा न मानो होली है की टैग लाइन अपने माथे पर लिए मँडराते हुए होली खेलते देवरों, पति के दोस्तों, मुहल्ले भर के लौंडों की टोली। दूसरी ओर इनसे रंग पुतवाने के लिए शर्मीली, लजीली, सँभली हुई घरवालियों की जमात अपने पूरे होशोहवास में मुस्तैद। एक दिन क्या एक मिनट का जुनून भी महँगा पड़ सकता है इसलिए रंगने और बचने की एक पूरी क़वायद। अजी नहीं ये लुगाइयाँ अपनी महफ़ूज़ और पाक़ खोल से नहीं निकलने वाली। अपने रुख़सार के रंगे जाने के जवाब में बराबरी से रंग लगाने की सोच भी नहीं सकतीं। जी हाँ! अपने लिए बदनामियों को बुलावा देने जैसी बेवक़ूफ़ाना हरकत ये नहीं कर सकतीं। ये मस्त हैं पर चौकन्नी भी। अपने पर ही नहीं हर औरत पर है इनकी बारीक नज़र। भीगी हुईं रंगी हुई और 'रंग बरसे भीगे चुनर वाली' की ताल पर थिरकती हुई शीलवती लुगाइयाँ।

अरे देखो एक शाइस्ता ज़नानी की बेख़बरी का नाजायज़ फ़ायदा उठाने

वाले देवर ने कैसे उसे पीठ पीछे से ही रंग से सराबोर कर डाला। और वो देखो कैसे नीमजान सी दिखने वाली उस मंगलसूत्र धारी तमीज़दार ज़नानी ने देवरनुमा रंगबाज़ को सस्ते ही में जाने दिया। गाल, बाल और गर्दन पर मले गये रंग की रगड़ के जवाब में शरीफ़ाना लाचारगी की नौटंकी करती लुगाई अगर अपने खिलन्दड़ेपन पर उतर आयी तो उसकी सालों की कमाई इज़्ज़त ज़मींदोज़ न हो जाएगी? अब तक नेकनामी कमाने में सर्फ़ होती ऐसी रंगीन मिज़ाज ज़नानी मर्दों को बराबरी से जवाबी रंग लगाने के जुर्म में जमात बाहर कर दी जाएगी। रंगबाज़ देवरसाहब की बीवी साहिबा की क़त्लेआम का ऐलान करती नज़रों का क़हर बरसेगा सो अलग। होली तो आयी गयी हो जाएगी पर मोहल्लेबाज़िनों को महीने भर की चटख़ारेदार बिचिंग का भरपूर असबाब मिल सकता है आज के दिन। चोट्टी ज़नानियाँ जो किसी मातमपुर्सी में भी अपनी एक्स-रे सरीखी निगाहों को तीन सौ साठ डिग्री के मोड पर चालू रखे हुए रहती हैं। अनुभवी ज़नानियाँ जो अपनी शिकारी नज़रों से उड़ती चिड़िया के पर तक गिनने की कला जानती होती हैं और जनाब ज़रूरत आन पड़ने पर कतरने का फ़न भी रखती होती हैं। इनके पास पूरा हिसाब मिलेगा कि देवर का अवतार लिए हुए किस औरतमार मर्द और भाभी के वेश में अपने अरमान पूरे करती किस मर्दमार लुगाई का शरीर किस-किस कोण पर कितने डिग्री मिला, कैसा सटा और कितनी देर बाद अलग हुआ।

सुनो पिंड दी कुड़ियो! अगरचे खेलो तो ऐसी होली कि रंगखोर लल्लाओं की रंगाई और रैगिंग दोनों से बाज़ न आओ। देह से कमसिन कली होने और थोबड़े पर बेचारगी की रंगत ओढ़े रहने के दिन अब लद गये। चुनाँचे खुलकर खेलो। खिलन्दड़ी हो लो।

होली के हुड़दंग में अपनी हुड़क को रोकना क्या।

तलब ए तलाक़

हज़रात! अपने ज़िगर पर हाथ रखकर कहिए कि आप अपनी शादी से, अपने हमसफ़र से, अपने रिश्ते से लगातार ख़ुश ही ख़ुश रहते हैं। देखिए वो और बात है कि आप तमाशबीनों को ताली पीटने का मौक़ा देने से कतराते हैं इसलिए हर समय एक हसीन शादी से पैदा हुए हसीन रिश्ते का उम्दा नाटक पेश करते जाते हैं। मैं मान ही नहीं सकती कि हर तिमाहे-छमाहे आपकी शादीशुदा ज़िन्दगी में तलाक़ की नौबत लाने वाला कोई ज़लज़ला उठा नहीं करता।

साहेबान सच बताइए, क्या आपने बकती हुई, झींकती हुई अपनी तल्ख़मिज़ाज बीवी के हौव्वे में आकर दहशत नहीं महसूस की। क्या दहशत नहीं? चलिए हिक़ारत कह लेते हैं। हाँ, तो ऐसी हिक़ारत से भर देने वाली बीवी को तो तलाक़ देकर सबक़ सिखा देना चाहिए—जैसा ख़याल अपने दिल में लाकर आपने कभी अपनी दुखती रग को नहीं सहलाया? दिनभर घर में राजरानी बनी पलंग तोड़ती बीवी की 'आग लगाओ पलटन' की सहेलियों के वेलेपन को आपने अक्सर ही कोसा नहीं? बात बेबात पर ग़मज़दा हो जाने वाली, आहत हो जाने वाली, हर बात पर बुरा मान जाने वाली, आए दिन तैश में आ जाने वाली बीवी को झेलते हुए आप आजिज़ नहीं आते? आप मुझे समझते ही नहीं, इस घर में मेरी कोई इज़्ज़त ही नहीं, इस घर को मेरी कोई ज़रूरत ही नहीं—जैसी रटी-रटाई तोहमतें थोपती बीवी। इस आततायी बीवी को एक ही झटके में तलाक़ देकर हलाल कर देने की चाहत आपको दबोच नहीं लिया करती? हर झगड़े पर आपके दिल में यही अफ़सोस क़ाबिज़ नहीं हो जाता कि आपने जितनी ख़ुशियाँ, प्यार और सहूलतें आपने बीवी

को दीं उससे कहीं ज़्यादा लम्बी है लानतों, तोहमतों, शिकवों की फ़ेहरिस्त। कितनी ही जान लगा दो फिर भी मीनमेख़, नुक़्ताचीनी। गधे की तरह कमाने में खटे शौहर के सामने गुस्ताख़ियाँ ही नहीं जुर्रतें भी। ऐसी बीवी तो किसी आदमी के साथ ख़ुश नहीं रह सकती। मैं इससे ज़्यादा न कमा सकता हूँ, न इससे ज़्यादा सब्र है और न इससे ज़्यादा वक़्त है मेरे पास देवी जी। कोई और औरत होती तुम्हारी जगह तो झुककर रहती, शौहर के गुन गाती, पति पर निसार हुई जाती, दिन में दस बार ऊपरवाले का शुक्रिया अदा किया करती।

जब-जब तुमने जो-जो माँगा मैंने दिया, तुम्हारे नाम फ़्लैट खरीदा, पॉलिसियाँ खरीदीं। तुम्हें बस एक काम करना था बच्चों को पालने और घर सँभालने का उसमें भी हज़ार नख़रे मोहतरमा के।

जनाब ख़ुदा को हाज़िर नाज़िर मानकर कहिए कि क्या आपने अपनी बीवी के कसालों से, क्लेशों से, कुटन्नीशास्त्र से तंग आकर कभी यह ज़लालत भरा जुमला नहीं मारा कि ठीक है तो जा, उस आदमी के साथ जाकर रह जो तुझे मुझसे ज़्यादा अच्छा रख सकता हो। ओह हाँ, समझी। आप तो अच्छे घराने के रसूख़दार शख़्स हैं इसलिए ऐसे नीचपने की हदें छूती हुई ज़बान आप नहीं बोल सकते होंगे। यानी आपने यह सब बस सोचा भर होगा और दिल ही दिल में कुढ़कुढ़ाकर, बकबकाकर रह गये होंगे। आपको मलाल तो ज़रूर रहता होगा एक फनफनाती हुई बेलगाम बीवी को तलाक़

की धमकी के चाबुक से क़ाबू न कर पाने का।

कोई बात नहीं वक़्त के साथ-साथ शादी जमती जाएगी और तलाक़ का तो क्या झगड़ने तक का मन नहीं किया करेगा। वो क्या है न तब तक वक़्त की मार आपको यह समझा चुकी होगी कि सब बीवियाँ होती ही ऐसी हैं, एहसानफ़रामोश और बेग़ैरत। झक्की और झगड़ालू। जब आपकी शादीशुदा ज़िन्दगी के उतार-चढ़ावों का निचोड़ यही होगा कि किसी भी हसीना को बीवी बनाकर ले आता, बनना तो उसने बीवी ही था। जनाब ख़ुद को इस तरह की समझदारी भरे दिलासे देते-देते आख़िरकार तलाक़ के ख़याल का काँटा आपकी ज़िन्दगी से निकल चुकता है और देखने वालों को आप एक ख़ुशनुमा चकाचक जोड़ा होने का वहम देने में कामयाब होने लगते हैं।

मियाँ! तलाक़ की तलब हर शादी का साइडइफ़ेक्ट है।

है कि नहीं?

जाइए मुआफ़ किया आपको।

न तो रस बचा है न ही रास्ता

ए मिस्टर! कमाल नसीहतें हैं आपकी तो। मियाँ-बीवी एक-दूसरे की तारीफ़ करते हुए, एक-दूसरे के साथ चाय की सुड़कियों के बीच ठिठोलियाँ करते रह सकें। अपनी-अपनी दिक़्क़तों के मारे हुए होकर भी एक-दूसरे की दिक़्क़तों के राग सब्र से सुना करें। तरह-तरह की दिक़ देने वाली चीज़ों के बावजूद एक-दूसरे के साथ लतीफ़ेबाज़ी किया करें। प्यार भरी ग़ज़लें सुन-सुनकर सेंटी हुआ करें। सटे हुए सिनेमा देखा करें। जब-तब एक दूसरे को गुलाब के फूल दिया करें। बात-बात पर फ़िल्मी अन्दाज़ में एक-दूसरे का गाल सहलाया करें या कि फिर हाथ पकड़कर छत पर बैठे तारों को ताका करें। आते-जाते एक-दूसरे की पीठ पर हाथ फिराते चुटकी काटा करें। कमाल फ़िल्मी ढकोसले हैं सब। भई शादी के शुरू-शुरू में तो यह सब बहुत किया वो भी ख़ानदान भर की नज़र से छिपते-छिपाते। पर अब औलादें बना लेनें और शादी के इतने साल बिता लेने के बाद कहाँ से लाएँ इतना लाड़-प्यार? ओहो! घर-गृहस्थी सँभालना भी नौकरी चलाना ही तो है। हर चीज़ का एक सिस्टम, एक समय, और तरीका। ज़रा बच्चे की बस छूट जाए तो बवाल, पानी न आए और भरा भी न रखा गया हो तो हंगामा और एक-दूसरे को तोहमत तले दबाने को हर कदम पर मौक़े ही मौक़े। यही है न गृहस्थी का मायना? अजी ऐसी सपाट दोज़ख़ सरीखी ज़िन्दगी में बच सकता है कोई इश्क़ियाना एहसास? शायराना जज़्बात? अजी सब हवा हो जाते हैं। बच रहता है तो बस रोज़मर्रापन। एक निचुड़ा हुआ मन और दो कौड़ी की हैसियत वाले पचड़े। जनाब ऐसे में भी आप उम्मीद करते हैं कि मियाँ बीवी के बीच का रस बचा रहे और चाहत भरी नज़रों से एक-दूसरे पर बलिहारी जाते रहें?

दर्द का नाम दवा रखा है

एक शादी को और क्या चाहिए कि मियाँ-बीवी एक छत के नीचे रहते चले जा रहे हैं और लोगों को उनकी आपसी रंजिशों और शिकायतों का कोई अन्दाज़ तक नहीं हुआ है। एक अच्छी शादी की इससे अच्छी पहचान और क्या होगी कि मियाँ-बीवी ने मिलकर एक से ज़्यादा चुनमुन पैदा किये और उनके प्यार में पड़े हुए एक-दूसरे की कमी-बेशी को दिल कड़ा कर झेले चले जा रहे हैं। जनाब जीवन में इंसान एक ही बार शादी करता है और वो चाहे जैसी भी साबित होती हो पहले तमाशबीनों को मायूस करने के लिए और बाद में बाल बच्चों को ख़ुशबाश देखने के लिए निभायी जाती है। आप लाख हाय तौबा महसूस करते हों तो किया करें। आपके ख़ानदानवालों की, चाहनेवालों की सेहत पर कोई फ़र्क़ नहीं पड़ा करता। क्या नेक ख़ुशफहमी है कि पूरी जमात ही नहीं पूरे मुल्क की ख़ुशहाली और तरक़्क़ी के लिए निहायत ही ज़रूरी हैं साथ जबरन जमे हुए शादीशुदा जोड़े। आप ग़फ़लत में हैं जनाब। कोई बग़लवाला या कोई सरकार आपके घर में झाँकने थोड़े न आ रही है कि आप प्यार की वजह से एक-दूसरे के साथ रहते हैं या किसी और दबाव में।

ख़ैर वो तो गुस्से में बक गयी पर पते की बात तो यही है कि हम दोनों की बातों की पसन्द में सीधे छत्तीस का आँकड़ा है। आप बीवी में दोस्त तलाशेंगे और ज़माने भर की बातें करने की कोशिश करना चाहेंगे और मैं आपकी सुई को हर मर्तबा घरबारी बातों पर ले आने की कोशिश करती चलूँगी। आप चाहेंगे कि मैं सजी-सँवरी-सी दिखा करूँ और जब आपका मन ख़ुश हो आपसे चिपटकर लेटने को बेताब हुआ करूँ। जबकि मेरे दिल में ठीक उसी वक़्त घरबारी मसलों पर ज़रूरी मश्विरा करने की तेज़ तलब हो और दिल, ज़ेहन और रूह को क़रार दिलाने का बस वही एक रास्ता सुझाई देता हो।

हर समय चिपटाचिपटी से या गलबहियाँ डालते रहने की नौटंकी से आपसी समस्याएँ कोई सुलझ थोड़े न जाती हैं जनाब। आप बुलन्द आवाज़ में बहसने की फ़िराक़ में होते हों आपका साथी तरीक़े-तरीक़े की उलफ़त भरी बातें कर आपको भटकाना चाहे। नहीं चलेगा जनाब। बिस्तर में मिलेंगे तब जो करना होगा कर करा लेंगे पर भरे दिन में भरी गृहस्थी में लाड़-प्यार

जता-जताकर काम नहीं न चलता है। तरह-तरह की जुगतबाज़ी से घर को चलाते हुए पस्तहिम्मत बीवी को मियाँ की ज़बान से यह सुनने का मन तो ज़रूर किया करता है कि 'तुम ही ठीक थीं' लोग और हालात ही ग़लत-शलत हुआ करते हैं'। दिखे तो कि मेरी भी कद्र इज़्ज़त कोई मायने रखती है और मेरे होने या न होने से कैसे घरबार की नैया मये ख़ानदान डूब सकती है। मैं जिस फोकट में जान लगा रही हूँ उतने में तो मैं अपने लिए कुछ नेक काम कर लेती। अपना कमाती खाती आज़ाद रहा करती। ऐसे नाशुक्रों में फँसी हुई ज़िन्दगी रेहन तो न रखी हुई होती। एक से एक रिश्ते तुम्हारी ख़ातिर नामंजूर किये मैंने पर यह मेरी ही बदक़िस्मती थी कि अपनी सारी पढ़ाई-लिखाई को बक्से में बन्द कर जी-जान से जिसका घर सँवारने में लगी वही मेरे साथ हमदर्दी तक नहीं रखा करता। काश कि तुमने मुझे हमदोस्त माना होता। काश कि तुम मेरे हमचश्म बने होते। अजी हटाइए यह मस्केबाज़ी मैं ऐसी वैसी नहीं हूँ जो इतनी सी पुचकार पर घूम जाऊँ आपको सहलाने लगूँ और आपको माफ़ कर बैठूँ।

अजी हाँ तालीम और तमीज़ इतनी है मुझमें कि आपके दिल का हाल भी समझ सकूँ। और उसी समझ से तो कह रही हूँ कि बात इतनी सी है कि आपको मुझसे और मुझ नाचीज़ को आपसे क्या और कब और किस अन्दाज़ में चाहिए इसका फ़ैसला तो ऊपरवाले के दरबार में भी नहीं हो सकता कभी।

हम दोनों ही हैं चुग़द के पक्के।

दर्द का नाम दवा रखा है

बरसों पहले हुई शादी में मिले सोफ़े व मेज़ की झुर्रियाँ छिपाने के मिस हम उन्हें रंगीन लिहाफ़ ओढ़ाकर रखती हैं वैसे ही अपनी शादीशुदा ज़िन्दगी को सजीले तौर-तरीक़ों व वहमों के परदे में रखती हैं। इस पर्दादारी की एंटीक वैल्यू हुआ करती है। ये नानी-दादी की बरसों पुरानी आज़माई हुई अचूक तकनीक हम गुप्त दहेज की तरह मायके से लाया करती हैं। हम पति-पत्नी आपसी ख़ुशफ़हमी में हैं, सन्तुष्ट हैं, हमारे बीच अच्छी सेटिंग है जिसे हम प्यार कहा करते हैं। इस प्यार का होना ज़रूरी नहीं है इसे समाज के आगे जताया जाना ज़रूरी है। इस प्यार की हमें आदत है। एक रब्त है, एक ख़ब्त है। रोज़ रियाज़ ना करने से शादीशुदा ज़िन्दगी के सुर ताल बिगड़ सकते हैं। गर पब्लिक के सामने बेसुरा बेताला ज़ाहिर हो गया तो सारा अब तक का किया धरा मिट्टी में मिल सकता है।

हाय राम! शादी बनाये रखो बहनो!

बुनियादें पहने हैं पायल

रसोई से लगाव और मन्दिर का भय औरतों की आज़ादी के सबसे ख़तरनाक दुश्मन हैं।

मैं भी काफ़िर

काफ़िर तो मैं पैदाइशी रही हूँ पर दुनिया के सामने ख़ुद को ख़ुद ही काफ़िर क़रार दिए जाने से डरती आई थी अबतक। माँ के घर में सुबह शाम की आरतियों के वक़्त बगुले की तरह चुपचाप आँखें मूँदे खड़े रहने की नौटंकी की। घर के तमाम बेबस बुतों की धूल झाड़ी। रतजगों में, चौकियों में बेमनी से हाथ जोड़कर बैठी पर क्या मजाल कि अपने मन के काफ़िराना तेवर की भनक भी किसी को लगने दी हो। माँ को अपने भगवान और उसकी माया पर वैसे ही यक़ीन था जैसा किसी भी भारतीय आदर्श नारी को हुआ करता है। दीन और उसकी बन्दगी के उस यक़ीन को चुनौती देकर मैं न तो उनकी तकलीफ़ों को कम कर सकती थी न ही उनकी ज़िन्दगी में यक़ीन और खुशियों की बेहतर वजहें पैदा करने की क़ुव्वत रखती थी। घर के कभी न निपटने वाले काम, कभी न मिलने वाले चैन, कभी न आने वाली ख़ुशहाली के लम्बे या शायद अन्तहीन इन्तज़ार का बोझ। एक के बाद एक बजती चली जातीं नरेंन्द्र चंचल की माता की भेंटें। छोटे से लकड़ी के मन्दिर में बैठे हुए तरह-तरह के बुत और उनकी ख़ामोशी। बुत बस बहलाया करते। वो बुतपरस्ती उनकी ज़िन्दगी को डरों, तकलीफ़ों और आशंकाओं से आज़ाद भर कर दिया करती। ज़िम्मेदारियों और तकलीफ़ों के सैलाब में उनके हाथ का यह तिनका उनको टिके रहने का हौसला दिया करता। पापा और परिवार की ग़लतियों और गुस्से के आगे न बोलने वाली माँ, अपने लिए जीने का मतलब समेटते चले जाने वाली माँ, बेटियों की शादी कैसे होगी के डर में सूखती जाती माँ, बहुत कुछ ठीक नहीं होने के बावजूद सब कुछ ठीक है के यक़ीन को जुटाकर

ही दम लेने वाली माँ। हर अपमान और हर अन्याय के लिए माँ का यह सन्तोष कि ऊपरवाला ख़ुद ब ख़ुद सबक देता है सबको'। मैं पैदाइशी काफ़िर अपनी माँ को लड़ते हुए, विरोध करते हुए देखना चाहती थी। पर माँ के यक़ीन को तहस-नहस करने का जोखिम ऐसा था जैसे किसी को आसमान दिखाकर उसके पैरों तले की ज़मीन का टुकड़ा छीन लेना। मैं डरती रही। माँ धीरे-धीरे मरती रहीं।

साहेबान आपको वहशत न हो और आप मेरी सरकशी के इरादे से न भर उठें तो कहूँ। अजी यही कि काफ़िर का कोई वजूद नहीं अगर उसने अपनी काफ़िरी को जगज़ाहिर ही नहीं किया। बुतपरस्ती में यक़ीन रखने वाले की ज़िद जैसी ही ज़िद हर काफ़िर में होनी चाहिए। ये बुतख़ाने ये बुतपरस्त औरतों की राहे आज़ादी में आला दर्ज़े की अड़चने नहीं तो और क्या है। वरना घर, घर और आबरू, घर की ख़ैरख़्वाही के मायाजाल में बिना उफ़ किये, बिना सवाल किये अपने वजूद को क़ुर्बान करके जीने वाली औरतों में इतना सब्र आता कहाँ से? घर की मुक़द्दसी, घर की ख़ुशहाली, घर की तरक़्क़ी, घर की सलामती औरत के लिए इतने अहम हैं कि उसके लिए उसे सजदे में झुकाकर रखा जा सकता है। आपके लिए अच्छी औरत का मतलब ही है देवताओं में यक़ीन रखकर उनसे अपने घर-कुनबे की सलामती की दुआएँ माँगने में ख़ुद को भूल चुकी औरत। ऐसी औरत जो आस्था में अपने यक़ीन के चलते नाइंसाफ़ी पर, ज़ुल्मो-सितम पर सवाल न उठाये। औरत जो पाप और पुण्य के हिसाब-किताब की ऐसी मारी हो कि आपकी बनाई सरहदों को लाँघने की जुर्रत करने न पाये। एक मुक़द्दस औरत। एक पाक़ साफ़ औरत। ताकि आपकी एकछत्र राज करने की सहूलत बनी रहे। ताकि औरत जहाँ है वहीं रहने में ही यक़ीन रखती रहे। नहीं साहेबान अब और नहीं। अजी इसमें इतनी सरगोशियों की क्या ज़रूरत आन पड़ी आपको। आपने नहीं सुना तो एक दफ़ा और सुनते जाइए—इस ज़माने को चन्द काफ़िर औरतों की सख़्त ज़रूरत है।

जनाब मैंने पिछले कुछ सालों में अपनी काफ़िरी के चलते अपने घर से एक-एक कर सारे बुत विदा कर दिए हैं। मैं अकेली और निहत्थी हूँ। पर डरी हुई नहीं हूँ। मुझे हल्का महसूस हो रहा है। मन्दिरों के आगे

से गुज़रते हुए भी उठा हुआ सर उठाये ही रखती हूँ। देख रही हूँ कि सर उठाकर चलती हुई काफ़िर औरत ज़माने को चौंकाती हैं, हैरान करती है और फिर डराती है। मेरी माँ ताउम्र डरी रहीं झुकी रहीं। आप इसे मेरी माँ के लिए भगवान के वजूद पंगा लेना भी मान सकते हैं पर यह दरअसल एक माँ का अपनी बारह साल की जवान होती बेटी को दिखाया गया आज़ादी का रास्ता है।

बीमार है बुतों का तीमारदार

जिस सपाट भाव से कोई गायनेकॉलोजिस्ट अपने आगे टाँगें फैलाए लेटी औरत के ज़नाना हिस्से को देखता है और जैसी उदासीनता से कोई हलवाई अपनी बनी मिठाइयों को देखता है ठीक वैसा ही भाव बुतों की तीमारदारी करते हुए मन्दिर के पुजारी के चेहरे पर चस्पाँ रहा करता है।

पंडितजी जिन्होंने अभी रात को आख़िरी काम खर्राटे मारती पंडिताइन का पेटीकोट ऊपर उठाने का और सुबह का पहला काम अपने कपाल पर लाल सफ़ेद टीका मलने का किया है। पंडित जी जो अलस्सुबह मन्दिर के कपाट उघाड़कर बैठे हुए दुखियारी और फरियादी भक्तिनों की बाट जोहने में लगे रहा करते हैं। पंडितजी जिनके पास मुहल्ले की मोहतरमाओं को देने के लिए गंडा, तावीज़, प्रसाद और मंत्रों के अलावा वक़्त और सब्र उनके ख़ाविन्दों से इफ़रात में हुआ करता है। पंडितजी जो ऊँची चौकी पर विराजमान हुए सजदे में झुकी भक्तिनों की बहती छातियों को कायर कनखियों से देखा करते हैं और अपने निहत्थे मन में श्रीराम का नाम जपकर निष्पाप हो जाया करते हैं। पंडितजी जो एक हाथ से धोती के अन्दर की टाँग खुजा लेने की हरकत और दूसरे से ज़नानियों को प्रसाद और आशीर्वाद देने का पुनीत काम बिना द्वन्द्व के कर लिया करते हैं। पंडितजी जो काम पर गये पतियों की बेसहारा और बेरोज़गार बीवियों को भजन कीर्तनादि में रमाये रखकर नेक राह पर चलाये चलते हैं। पंडितजी जो शिवलिंग को पानी मिला दूध-स्नान करवाती, धूप बाती करती ज़नानियों को पूजा के नये-नये विधि-विधानों के रहस्य बताते-बताते उनके क्लेशों के हमराज़ होकर उनके हमदर्द भी हुए जाते हैं।

बुनियादें पहने हैं पायल

जैसे पंडितजी जानते हैं कि अगर मुहल्ले में भक्तिनों का टोटा पड़ जाए तो मन्दिर और जजमानी के धन्धे का क्या ही बुरा हाल हो। ठीक वैसे ही भक्तिनें जानती हैं कि ग़र गली में एक मन्दिर और मन्दिर में एक पुजारी न हो तो दुखियारियों पर क्या सितम हो। क़सम से, पुजारीजी न हो तो किसे दिखवाई जाएगी मंगली बेटी की कानी पत्री। कौन लाएगा राजदुलारे के लिए रुसूख़दार घरानों के रिश्ते। सुख-समृद्धि की उम्मीदवार ज़नानियों के हाथों सौभाग्यलक्ष्मी की कथा कौन करवाएगा। बेख़बर ख़ुदग़र्ज़ बुतों से आशीष कौन दिलवाएगा। सोचो री, ग़र पुजारी जी न हों तो ठाकुर जी को ज़नानियों के हाथ की पूजा की थाली का भोग कौन लगवाता होता। और गुस्ताख़ी माफ़ हो तो कहूँ जनाब। ग़र पुजारी जी न हों तो बेज़ुबान बुतों की जानिब से खोटी किस्मतवालियों में सौभाग्यवती बनने की उम्मीद कौन जगाया करता।

कस्बे का प्रेम स्टूडियो

फेयर एंड लवली पोत-पोतकर भी जो लड़कियाँ न तो फ़ेयर हो पाई थीं न ही लवली। जिन लड़कियों की उनसे ज़्यादा सुन्दर छोटी बहनें ब्याह की उम्र की हुई जा रही थीं। जिन लड़कियों के बाप स्कूटर के रेट में मारुति 800 की क़ीमत वाला दूल्हा तलाशते फिर रहे थे। जिन लड़कियों को मोहल्ले भर की मैके रहने आयी ब्याहता सहेलियों के रसीले अनुभव सुनकर गुदगुदी व चिढ़ दोनों होती थी। जिन लड़कियों की कुंडली में पंडितजी ने ब्याह जोग में अड़चनें बता रखीं थीं। उन सभी लड़कियों की आख़िरी उम्मीद क़स्बे का हैप्पी या लक्की या प्रेम फ़ोटो स्टूडियो हुआ करता था। वो बात और है कि इनसे फ़ोटो खिंचवाकर पटाये गये रिश्ते कभी भी उतने लकी, हैप्पी या प्रेम से भरे नहीं हुआ करते थे। इन फ़ोटो स्टूडियो में ब्याहातुर लड़कियाँ, बड़कुँवारियाँ, अपने सबसे दमदार सूट-सलवार या माँ की भड़कीली साड़ी में फ़ोटो खिंचवातीं। स्टूडियो में खिंची गयी यह रोमानी फ़ोटो लड़की की अटैच्ड कुंडली के ऐब छिपाने का एकदम तोड़ जुगाड़ हुआ करती।

रिश्ते ही रिश्ते 28 रैगरपुरा से लिपी-पुती दीवारों वाला दिल्ली शहर अब इंटरनेट के मैरिज-ब्यूरो का सहारा लेने वाला शहर तो बन गया है पर फ़ोटो अक्सर वही ख़ालिस स्टूडियो वाला चलता है। हाई प्रोफाइल, चमकदार कैरियर वाली, लम्बी, गोरी लड़की के साथ ऊँचे रेट वाले रिश्ते की आस में लड़के भी अब इस दौड़ में शामिल हो गये हैं। अब रिश्ते भगवान के घर से बनकर आते हैं मानने वाला ज़माना रिश्ते लपके जाते हैं, रिझाये जाते हैं, पटाये जाते हैं वाला ज़माना बन गया है। पर स्टूडियो की खिंची हसीन फ़ोटो के बिना रिश्ता कहाँ पटता है अब भी? बुजुर्गों के ज़माने में प्रेम के लिए

कुछ इश्क़ किया कुछ सफ़र किया

राइट का इंडिकेटर देकर लेफ्ट को मुड़ जानेवालियों और पीछे से होने वाली हॉर्नबाज़ी से बौराकर अपना स्टियरिंग डुला देने वालियों ने शानदार तरीक़े से ड्राइविंग करने वालियों का कितना बड़ा अहित किया है। साला कोई रोड पर सीरियस्ली लेता ही नहीं कि मैडमजी कार चला रही हैं। बड़ी शौक़ीन, आवारा, बदतमीज़, बेहया, बदमिज़ाज, बदगुमान या फिर कोई बदक़िस्मत, बेसहारा या बेवा-बेचैन औरत ही होगी। अरे मैडमज़ी निकाल भी लो बहुत जगह पड़ी है। अबे निकाल लूँ माई फुट। क्या अगले बन्दे के पैर पर चढ़ा दूँ या सड़क खींचकर चौड़ी कर दूँ? यलो और रेड के बीच का ख़तरा तेरे उकसाने पर उठा लूँ? मन करता है बीच रास्ते को कार से ब्लॉक करके पहले बन्दे को अपने राइट टु वे, राइट टु जज द सिचुऐशन और राइट टु डिग्निटी एंड इक्वैलिटी समझा दूँ। या चल छोड़ जाने दूँ बस उतरकर एक झाँपड़ रसीद कर दूँ। अबे! ज़िन्दगी की सड़क पर ड्राइव करने के मेरे अपने तजुर्बे हैं जो मैंने धक्के खाकर हासिल किये हैं।

समझे घोंचू!

पहले सवाल फिर सलाह फिर साज़िश करेंगे वो। उनके पास गिराने का फॉर्मूला नम्बर वन है।

अगर हम एक असल मज़बूत औरत हैं तो हमें दुनिया के सामने अपनी छवि का ख़याल करना बन्द कर देना चाहिए। एक आज़ाद, ख़ुदमुख़्तार औरत को अपनी छवि को डिफेंड करने की कोशिशें तो कतई नहीं करनी चाहिए। दुनिया का यह वहम तोड़ना होगा कि उठती हुई औरत को गिराने के लिए उसकी छवि एक हथियार हो सकती है।

उठने का ये फ़ॉर्मूला नम्बर वन आज़मा के तो देखो।

शादी का मेहनताना

पुरानी हिन्दी फ़िल्मों में अक्सर बूढ़ी-बेवा ममतालु माएँ अपने हसीं जवाँ लाल से इसरार किया करती थीं कि बेटा अब मुझसे घर के काम नहीं होते तू जल्दी से एक बहू ले आ जो घर सँभाल ले। नकली किचेन सेट पर असली आटे और दाल से खाना बनाने का खेल करते-करते मैं अचानक इस हक़ीक़त के एहसास से वहशत में आ जाया करती थी कि लड़कियों को ताउम्र दूसरों के लिए खाना बनाना पड़ता है। धीरे-धीरे नौ-दस साल की उम्र तक इस लहजे के संवादों का मैंने यह अर्थ निकाल लिया कि पति-पत्नी में मालिक-मज़दूर का रिश्ता हुआ करता है। पत्नी की सारी सेवाएँ बाक़ायदा मुफ़्त होती हैं क्योंकि उसे उससे भी ज़्यादा यानी कि एक महफ़ूज़ और मुकम्मल घर फोकट में मिला हुआ होता है जबकि पति नोट कमाकर लाता है और वह भी बाहर की ज़ालिम दुनिया से टकराकर, जिससे टकराने का कोई हुनर पत्नी के पास हुआ नहीं करता है।

गली-कूचे की घरवालियाँ अपने ख़ाविंदों के काम पर निकल जाने के बाद पुरसुकून दिखतीं हैं। खिड़कियों से झाँकते हुए बग़लवाली पड़ोसिन से

बतियाते हुए घर के काम निपटाती चलती। शाम ढले गली में सुस्ताती और घरवालों के आने पर एक मुस्तैद गुलाम की तरह हर बात से यह जताने की कोशिश करतीं हैं कि उन्होंने अपने स्वामी की ग़ैरमौजूदगी में इन्तज़ामे ख़ानादारी का तमाम काम बहुत सारी कुशलता और बचत के साथ किया है। इस तरह की शादियाँ काम से ज़्यादा 'काम किया है' के दिखावे पर टिकी हुई होती हैं। घरवालियाँ कौन-सी दूध की धुली हुआ करती हैं। वो अक्सर अपने पति की कमाई और रुतबे से दूसरों पर रोब झाड़ती हुई पायी जाती हैं। ऐसी शादियों में पति के प्रति सम्मान और समर्पण का नाता पति की कमाई और रुतबे से हुआ करता है।

यानी कुल मिलाकर यह कि समझदार होने से पहले ही मैं एक धारणा बना चुकी थी कि आदर्श भारतीय विवाह-संस्था में घरेलू पत्नियों व पतियों का सम्बन्ध मज़दूर-मालिक के सम्बन्ध से मिलता जुलता-सा है। दोनों में शोषण है पर मज़दूर के वेतन के स्थान पर अक्सर पत्नी के श्रम का मूल्य एक सम्बन्ध के बने रहने की गारंटी, एक सतही-सा दाम्पत्य प्रेम और कुछ अदद मटमैले मेडल होते हैं जो आजीवन सन्दूकची की शोभा बढ़ाने के काम आते हैं।

कुछ इश्क़ किया कुछ सफ़र किया

रेडलाइट पर एक मिनट

नज़र उठाई तो दूसरी गाड़ी में से एक सजीला पुरुष बेहद आसक्त और प्रेमिल भाव से मुझे निहार रहा था। मैंने मुस्कुराकर नज़र नीची कर ली और उस लालबत्ती के खालीपन को फेसबुक के ज़रिए भरने लगी। बस उस नज़र के उठने, मिलने, गिरने भर के नन्हें से लम्हे में कितनी सारी बातें मन में उठीं और शमित भी हो गयीं। कौन होगा, क्या करता होगा, क्या सोच रहा होगा, क्यों मुझे देख रहा होगा। ज़रूर ही प्यार से भरा कोई भावुक मन होगा, मेरी ही उम्र के आसपास का लग रहा है तो मेरी तरह शादीशुदा भी हो सकता है। होगा ही। शायद उसे पसन्द होगी आज़ाद ख़याल, ख़ुशमिज़ाज, शोख़अदा, गुनगुनाती-सी स्त्री।

था तो यह कैडबरी सिल्क की ऐड का सा ही दिलफ़रेब पल लेकिन था ज़रा अलग भी। पता था कि कोई निहार रहा है पर अनजान बने रहने में कितना आनन्द था। जैसे कोई दूर की चीज़ हूँ जिसे कोई यूँ ही नहीं पा सकता वाली गौरवान्वित नायिका। देखे जाने, चाहे जाने, सराहे जाने पर कितना प्यारा-सा एहसास होता है न। हैलोजन के धीमे उजास में और दूसरी तरफ़ की सड़क से आती तमाम गाड़ियों की गुज़रती हुई सी रौशनियों में दो नूरानी दिल। उस आपाधापी और शोरोगुल में भी धड़कनें, आहटें साफ़ महसूस की जा सकती थीं।

कमाल है न, यू हैव रोविंग आइज़ की शर्मिन्दगी से बरी होकर रोम-रोम कैसा जीता हुआ सा लगता है। क्यूँ कहूँ कि बहुत गुस्सा आया इस इनडीसेंसी पर। क्यूँ कहूँ कि हाउ डेयर ही कुड लुक एट ए वुमेन लाइक दिस। ख़ुदाया दूसरी दफ़ा नज़र उठाने में ज़रा सी देर हो गयी। बत्ती लाल से हरी कब की

हो चुकी थी और सड़क पर दो ही गाड़ियाँ रह गयी थीं जिन्हें अगली लाइट तक दौड़ने की जल्दी नहीं थी, फ़िक्र भी नहीं थी। अपने खो जाने की आदत से वाक़िफ़ होते हुए भी मैं चौंकी और दूसरी गाड़ी के उस आसक्त ड्राइवर को मुस्कुराकर रियल टाइम में आ जाने का हौसला देते हुए बिना कोई गिल्ट गठरी लिए मुस्कुराती हुई आगे बढ़ गयी। पता था कि मजनूँ के टीले की हरी बत्ती बहुत जल्दी अगले साठ सेकेंड्स तक के लिए लाल हो जाती है।

कभी-कभी ऐसे हसीन वाक़ये सोई हुई मिट्टी में पानी की बूँदों की मानिंद ख़ुशबू को पैदा कर जाते हैं। अब यह लूटी हुई ख़ुशबू कहाँ बिखेरूँ। पता है न बारिश से भीग-भीग जाने वाला मन एक लम्हे को भी नहीं सोचना चाहता कि बादल कहाँ-कहाँ से भरकर लाए हैं ये बरसात।

ओह मैं घर लौट रही हूँ प्रिय।

सँभालो मुझे।

एक बार चोंच अड़ा दो गाड़ी की फिर तो बाकी की बॉडी को निकलने देना अगले की गाड़ी की मजबूरी होती है। सामने के शीशे के अन्दर के हिलते होठों की रीडिंग यही बताती है कि आशीर्वचनों की बौछार हो रही है पर क्या करें अब तो मामला हाथ से निकल चुका है और गाड़ी आपके आगे अड़ चुकी है। राइट टु वे का मायना अपना-अपना।

सॉरी भैया

पतनशील पत्नियों के नोट्स

कुछ चीज़ें अभ्यास से ही आती हैं...
जैसे जाम भरे पुल पर गाड़ी को
एक एक सूत सरकाना...
क्लच और एक्सीलरेटर की फाइन ट्यूनिंग बनाये रखते हुए ...
जहाँ यह बिगड़ी
वहीं मेहनत से हासिल हुई
दो इंच की बढ़त
चार इंच की फिसलन में बदल जाती है

चिंघाड़ते हुए आगे निकलने के लिए साइड माँगने वाली गाड़ियों को बहुत देर बाद 'जा मर' के अन्दाज़ में साइड देने के बाद अक्सर उनसे अगली ही लालबत्ती पर मुलाक़ात हो जाती है।

एक बात पक्की होती है कि वो फनफनाता हुआ कोई मर्दपने का मारा ही होता है। बन्दे के चेहरे के काँइयाँपन से, फोकेपन से ही पता चल जाता है इसे इतनी भी समझ नहीं है कि जिस ओवरटेक के मौक़े को उसने हो-हुल्लड़ से, हाय-तौबा से हासिल किया वह उसे तरस खाते हुए दिया गया है।

ऐसी गाड़ी को आगे निकलने के लिए बहुत देर पेंपियाने देना फिर एहसान करते हुए आगे निकलने देना और ठीक अगली लालबत्ती पर उसके ही बग़ल में इत्मिनान से गाड़ी लगाना। न चाहते हुए भी मुँह से च्च्च्च्च्च् तो निकल ही जाता है। क्या करूँ।

पतनशील पत्नियों के नोट्स

एक ही हफ़्ते में दो बार रेडलाइट का उल्लंघन करने की सज़ा में हाथ में चालान की पर्ची देखकर जो ज्ञान हमने हासिल किया वह यह है कि–

क़ायदे क़ानून को तोड़ना भी एक हुनर है। ख़ासकर भीड़ में। यह नायाब फ़न कड़क अभ्यास से हासिल किया जाता है। हरी, पीली और लाल लाइट के बीच का संक्रमण-काल या विभाजक-रेखा अति ही बारीक होती है। इतिहास में एक बार दर्ज हो गये पल को आप बदल नहीं सकते। जिसके हाथ में फ़ैसले की ताक़त होती है फिर चाहे वह सरकारी चूज़ा ही क्यों न हो है उसी की रंगों की शिनाख़्त मान्य होती है। फिर आप चाहे लाख समझाना चाहें कि मैं चली तो पीली पर ही थी जी पर कमीनी किस्मत ने साथ ही नहीं दिया जी। मन में चिन्ना सा भी शुबहा हो या ऐन मौक़े पर विवेक या आत्मा में से कुछ भी जग जाए तब तो शर्तिया नतीजा भुगतना पड़ सकता है। क़ायदा तोड़ने वाला हिमाक़ती रेला धोखाधड़ी से आगे निकल जाता है और आप बदक़िस्मत अकेले अधर में अटक कर क़ानून की नज़र में पड़ जाती हो। अजी ऐसे नाजुक मौक़ों पर किसी रूमानी ख़याल को मन के आस-पास भी फटकने नहीं देना चाहिए वरना फ़ैसला लेने की ताक़त, फुर्ती और हौसले पर असर होता है। मुल्ज़िमा आप पकड़े जाने पर कहलाती हैं जब तक पकड़ाए में न आएँ, आप एक सभ्य, आज्ञाकारी नागरिक कहलाती चलती हैं।

तो मोहतरमा लब्बो-लुबाब यह कि दूसरी गाड़ियों पर नज़र रखने के भरोसे चलने की बजाय अपनी नज़र बत्ती वाले खम्भे पर रखने का करम फ़रमाएँ।

बग़ल वाला और दबाता जाता है अगर ज़रा भी स्पेस देने की मुद्रा दिखाओ।

वैसे सिखाया यही गया था कि किसी बड़ी गाड़ी के पीछे गाड़ी लगा लो और अपनी लेन मत छोड़ो। टॉप लेन में एकदम नहीं। और यह भी कि गाड़ी को खरोंच आने से बचाना भी ज़रूरी है। बचकर आगे बढ़ें या भिड़कर? देखभाल कर चलो पर बड़ी गाड़ी तो व्यू और जजमेंट की ज़रूरत को ही ख़त्म कर देती है।

अमाँ यार जो इतनी जद्दोजहद से सिखाया गया था वह ऐन वक़्त पर एकदम उलट साबित होता है। इसलिए बचने के लिए कब हटना है और कब अड़ना है यह तो मौक़े, माहौल, ज़रूरत, ज़िगर और बस अपन के मूड की बात है।

यह सड़क है और वो भी जाम भरी।
ख़ाला का घर नहीं।

राइट का इंडिकेटर देकर लेफ्ट को मुड़ जानेवालियों और पीछे से होने वाली हॉर्नबाज़ी से बौराकर अपना स्टियरिंग डुला देने वालियों ने शानदार तरीक़े से ड्राइविंग करने वालियों का कितना बड़ा अहित किया है। साला कोई रोड पर सीरियस्ली लेता ही नहीं कि मैडमजी कार चला रही हैं। बड़ी शौक़ीन, आवारा, बदतमीज़, बेहया, बदमिज़ाज, बदगुमान या फिर कोई बदक़िस्मत, बेसहारा या बेवा-बेचैन औरत ही होगी। अरे मैडमज़ी निकाल भी लो बहुत जगह पड़ी है। अबे निकाल लूँ माई फुट। क्या अगले बन्दे के पैर पर चढ़ा दूँ या सड़क खींचकर चौड़ी कर दूँ? यलो और रेड के बीच का ख़तरा तेरे उकसाने पर उठा लूँ? मन करता है बीच रास्ते को कार से ब्लॉक करके पहले बन्दे को अपने राइट टु वे, राइट टु जज द सिचुएेशन और राइट टु डिग्निटी एंड इक्वैलिटी समझा दूँ। या चल छोड़ जाने दूँ बस उतरकर एक झाँपड़ रसीद कर दूँ। अबे! ज़िन्दगी की सड़क पर ड्राइव करने के मेरे अपने तजुर्बे हैं जो मैंने धक्के खाकर हासिल किये हैं।

समझे घोंचू!

अधखिंची हैंडब्रेक

मेरे हाथ से लगी गाड़ी की हैंडब्रेक लगी न लगी बराबर ही होती है। अक्सर यह बात इसलिए छिपी रह जाती है कि गाड़ी जहाँ पार्क की वहाँ की ज़मीन समतल साबित हुई। वरना एक-दो बार गाड़ी धीमे-धीमे बहते हुए 'जा जी ले अपनी ज़िन्दगी सिमरन' वाली तमन्ना से काम लेती पायी गयी है। ऐसे में अक्सर किसी भलेमानस के द्वारा पहिये के नीचे लगाये गये रोड़े के करम की बदौलत गाड़ी पर और न जाने किस-किस पर आने वाली आफ़त टली है।

तो हज़रात हुआ यूँ कि कल गाड़ी जहाँ पार्क की पता नहीं था कि वहाँ की ज़मीन ऐसी बेढब ढलुवाँ निकलेगी। नतीजतन हुआ वही जो हो सकता था। मेरे उतरते ही अधलगी हैंडब्रेक से तुरन्त इज़हारे बग़ावत करते हुए गाड़ी आगे को बहते हुए एक खड़े हुए दुपहिया को गिराकर शान्त हुई। जूस की दूकान की भीड़ के कानों और आँखों को भिड़ंत के नाद से उम्मीद जगी कि अब कहासुनी होगी। हमें काटो तो खून नहीं। मुझे लगा गाड़ी का मालिक इनमें से न हो बाकी तो सँभाल लेंगे। उसी पल जूस पीते हुए गाड़ीवाला युवक अवतरित हो ही गया और मुझे लाड़ भरे शब्द सुनाई दिए "ओहो मैम कोई बात नहीं" और

दिखाई दिया मेरे घबरा गये चेहरे को तसल्ली देता निहारता और गाड़ियों की गुत्थमगुत्थी को भी छुड़ाता एक शान्त और प्यार भरा चेहरा।

लगा यक़ीनन इन जनाब की कल्पना में दोनों गाड़ियाँ नहीं भिड़ीं बल्कि गाड़ियों के मालिक लतावेष्टित आलिंगन में बँधे हैं। उसकी कल्पना की कल्पना करते हुए मेरे मन ने शायद कहा कि अब जाने भी दीजिए ''इतनी भी खूबसूरत नहीं हूँ मैं'' और उनका धराशायी हो गया बैग उनको थमाते हुए न अपना लजाना छिपा सकी न अपनी घबराहट। नज़रें मिलाई थीं 'आय एम वेरी वेरी सॉरी' कहने के लिए पर जनाब की आँखों में बिल्कुल भोला-सा जवाब तैर रहा था 'इट्स माय प्लेज़र'। मैंने पूछा कहीं लगी तो नहीं? तो जवाब में बस चमकती हुई आँखें देखीं और धड़कता हुआ दिल ही सुनाई दिया कि 'लगी तो ज़रूर है'। दिल तो मेरा भी धड़क रहा था कि जाने आज क्या-क्या होते-होते रह गया पर छिपाने का हुनर मेरे पास उसके मुक़ाबले ज़्यादा था।

घर जाकर बढ़ी हुई धड़कनों की कहानी कहते ही यही सुनने को मिलेगा कि 'तुम भी न कितनी केयरलेस हो यार चलो अब एक सिपलार टेन ले लो वरना हाँफती फिरोगी'। पर मैं कहूँगी कि 'दिल का रफ़्तार से धड़कना हर बार किसी बीमारी का ही नतीजा हो ज़रूरी नहीं जानू'। और ज़रूर कहूँगी कि 'आप जो इतनी बेरहमी से हैंडब्रेक खींचकर चले आते हो। मुझे अक्सर कसकर जद्दोजहद करनी पड़ती है और आख़िरकार बग़ल से गुज़रते किसी भलेमानस को बुलवाकर नीचे करवानी पड़ती है' वग़ैरह-वग़ैरह। जनाब क्या बताना है? कैसे बताना है? यह तो घर पहुँचने पर ही देखा जाएगा अभी रास्ते भर इस दिल की चहक तो सुन लूँ।

पत्नी
आधुनिक
बच्चे
आचरण
संस्कार
पवित्रता
घर
परिवार
धर्म
सौंदर्य
नैतिकता
काम
समाज
आकर्षण
संस्कृति
अच्छी बेटी
गृहलक्ष्मी

अदब के दारोग़ा

जनकवि, शायरा और प्रेम का प्रेत

प्रेममाधुरी जी को वैसे तो उनके मुँह पर दीदी कहने की हिम्मत नहीं होती पर मन ही मन मैं उन्हें दीदी ही मानती आयी हूँ। फेसबुक कविता में नव्य-नारीवाद का बिगुल बजाने वाली वरिष्ठ कवयित्रियों में उनका नाम लिया जा सकता है। उनकी फेसबुक वॉल सचमुच उनके ड्राइंगरूम की वॉल सी दिखाई देती है। ये रही माधुरी दी कविता के वटवृक्ष सरीखे कवि के कर-कमलों से सम्मान लेते हुए। वो देखिए उनकी तस्वीर क्रान्तिकारी महिला मंच से ओजस्वी भाषण देते हुए। इस ग्रुप सेल्फी में बायीं तरफ़ से तीसरी वाली, मुस्कुराने की क़वायद से थक चुके होंठों को और एक और चौड़ी मुस्कान से परेशान करते हुए। ये देखिए क़रारी कलफदार साड़ी में झुकी हुई कविता के महान आलोचकश्री से सम्मान लेते हुए। यह देखिए अपनी किताब को हाथ में लिए प्रेमपूर्वक निहारती हुई। और यह रहीं प्रेमा दी चाँदनी रात में ख़ुद पे शरमाते हुए। प्यार बरसाते हुए। अपनी मुँडेर पर अलसाते हुए। और हाँ यह रहीं दी नयी सेल्फी में पुराने पति के साथ सुखी दाम्पत्य की भव्य झाँकी पेश करती हुई।

प्रेमा दी यानी एक साथ एक पत्नी और उभरती हुई कवयित्री होने की पीड़ा को कविता में उतारती शायरा। जनाब प्रेमा दी की लाल टिकुली और लहराते बालों के पीछे छिपी प्रताड़ित और उद्वेलित पत्नी साफ़-साफ़ देखी जा सकती है। उनका मानना है कि घरेलू पीड़ाओं के घनीभूत होकर अवसाद की दशा तक पहुँचने से उपजी भावावेग की स्थिति में अच्छी नारीवादी कविताएँ पैदा हो सकती हैं। एक भावप्रवण रचनाशील औरत को बेनाम पत्नी की पदवी लिए मरना मंज़ूर नहीं होना चाहिए। सच्ची नारीवादी कविता के लिए

सुखी दाम्पत्य को कम से कम मानसिक रूप से ही सही पर तिलांजलि देकर ही तड़प, अवसाद और विरोध से भरी कविता लिखी जा सकती है। जनाब क्या कहिए कि किसी भी परेशाँ दिल पत्नी को उनकी कविता का फ़लसफ़ा जानकर एकबारगी तो अपने भीतर भी कविता की ज्वालामुखीय हलचल का एहसास हो सकता है। उनके शायरी करने, आगे बढ़ने, शोहरत कमाने के फ़लसफ़े की रौशनी में एकबारगी तो सुननेवाली भी अपने दाम्पत्य जीवन में अवसाद की दशा तक पहुँचाने योग्य मसाइल तलाशने बैठ सकती है।

एक बार उन्होंने एक ऐसे जनकवि से मिलवाया जो कभी उनकी कविता की भावप्रेरणा हुआ करता था। कवि जो पिता, पति, प्रेमी, और जनक्रान्ति का अग्रदूत एक साथ है। कवि जिसकी क़लम की गोमुखी से नाटक, कहानी, कविता, अनुवाद और उपन्यास की धारा एक साथ बहा करती है। कविता में समाजवाद, जनवाद, युद्ध और कविता, कविता और क्रान्ति, कविता और प्रेम, कविता और विच्छेद, के साथ-साथ महान पश्चिमी लेखिकाओं की क्रान्तिकारी विचार-सरिता को अपने मुल्क में बहाने का एकल ज़िम्मा लिए हुए। कवि जो अपनी पत्नी के लिए ख़ालिस मर्द और प्रेमिका के लिए प्रेमिल, स्नेहिल स्त्रीवादी हमचश्म, हमराह हुआ करता है। कवि जो साहित्य के चमन की सारी दुश्वारियों और पचड़ों से जूझता हुआ साथ-साथ प्रेम के प्रेत को भी पाले चला करता है।

प्रेमा दी बताती हैं कि कैसे उनके विश्रान्त मन को उस सलोने कवि ने कविता के नये-नये धरातलों की ओर उन्मुख किया। कैसे सामन्ती घेरे में हाहाकार करती कातर पत्नी को आधुनिक नारी-मन के अधखुले पक्षों की बेबाक अभिव्यक्ति करने वाली समझ दी। कैसे उस कवि ने उनके भीतर सुप्त काव्य-प्रतिभा को अपने प्रेम, समर्पण और विश्वास से आहूत किया। वह कवि नहीं जादूगर था प्रेमा दी के लिए। बैग पाइपर सा छलिया। सारी भावनाओं को अपनी प्रेम धुन के बल पर वीरानी चोटी के कोने तक ले जाकर रचनाशीलता की खाइयों में धकिया देने वाला सम्मोहनशील कवि। एक चतुर चितेरा जो आख़िरकार प्रेमा दी को स्वप्न और क्रान्ति के बीच झूलता हुआ छोड़कर किसी नयी प्रेम और परम्परा प्रताड़ित सम्भावनाशील

पत्नी की तलाश में चल दिया। यह सब बताते-बताते पैंतालीस की ढलान पर बैठी प्रेमा दी सात साल पीछे जाकर अपनी सद्यः आगमित झुर्रियों में से झलकते यौवन का याचनापूर्ण आह्वान करती मालूम हुईं।

प्रेमा दी यानी हमारी माधुरी दी एक पत्नी से क्रान्तिकारिणी नारीवादी प्रेमिल कवयित्री के रिक्त पद पर स्थापित होते-होते रह गयीं। एक शायरा जिनको शिखरों की ऊँचाई मिलते-मिलते रह गयी। जिनकी प्रतिभा, यौवन और कविता तीनों ही युगावरोधों से संघर्ष करते हुए अंततः एक साथ ही क्षरणशील होते हुए युगान्त को प्राप्त हुए।

आज मेरी एक नयी नवेली नज़्म प्रेममाधुरी दीदी की वॉल पर उनके संघर्ष के नाम।

कवि की पत्नी

अक्सर शायर के एक नेकसूरत पत्नी हुआ करती है। मज़ाक़न नहीं सच कहती हूँ जनाब ऐसी घरबारी सीरतदार पत्नी कि बाहर के ज़ालिम ज़माने को इस बात की ख़बर तक नहीं लगने पाती कि शायर की कोई पत्नी है भी। शायर की पत्नी जो दिन-रात अपने पति को शोहरत की बुलन्दियों पर देखने की कामना में जिये जाती है। पत्नी जिसका प्यार परवरिश में बदलकर फ़ना हो चुका है। पत्नी जो औरत जमात की, कमज़ोर तबक़ों की हिमायत में लिखी जाने वाली कविता और अपने पति के बीच की हड्डी नहीं बना करती। पत्नी जो किताबों से गर्द झाड़ने और बिना आवाज़ किये प्यालियाँ रखने-उठाने में सिद्धहस्त हुआ करती है। पत्नी जो पति के श्रीमुख से उसकी कविताएँ घर की बैठकी में ही नहीं रसोई में साग काटते हुए भी सुन लिया करती है और सुनकर गद्‌गद हो जाया करती है। पत्नी जिसकी पीड़ा में कवि को समस्त संसार की पीड़िताओं की सूरत दिखा करती है। पत्नी जो मजलिसे अदब में शिरकत को जाते हुए पति को सर पर पल्लू और आँखों में सपने सजाये रवाना किया करती है।

जनाब अब आप ही कहिए शायर जैसा रहमदिल और पाक़दिल आदमी और कौन होगा! अगरचे वह चाहता तो एक टक्कर की औरत को भी ब्याहता बनाकर ला सकता था पर नहीं जी। उसने चुनी एक सीधी-सादी सच्ची घरैतिन। जो भी हो कवि महोदय हैं इतने समर्पित नारीवादी कि हर सालगिरह पर 'मनाली ट्रिप विद वाइफ' वाली तस्वीरें अपनी फेसबुक वॉल पर लगाकर अपनी पत्नी से इज़हारे प्यार किया करते हैं। इतने समर्पित कि अपनी कविताओं को अपनी ममतामयी माँ के नाम समर्पित किया करते हैं।

औरत के लिए इतनी श्रद्धा ही शायर के इस पक्के यक़ीन की बुनियाद है कि मज़ाके अदब के मारों में अक्सर शातिर क़िस्म की लम्पटता हुआ करती है। जनाब शायर निजी अनुभवों से जानता होता है कि बाहर की दुनिया में औरत को झपटने-हड़पने लिए कैसे-कैसे गिद्ध जमे हुए हैं। इसलिए वह अदब की दुनिया के झमेले से अपनी शरीके हयात को दूर ही रखा करता है और इस चुनौती भरी दुनिया में लिखनेवालियों को अपना सच्चा सहारा दे-देकर अपनी पत्नी के प्रति प्रकारान्तर से ही सही पर प्यार जताया करता है।

ग़र शायर ने अपनी ज़नानी में भी अरमान जगाकर उनको हवा दी होती तो उसकी ज़ाती ज़िन्दगी ही नहीं अदब की दुनिया का भी बेइन्तहा नुक़सान हुआ होता। ऊपर उठने को हाथ-पैर मारती हुई टक्कर की बीवी के नारीवादी जुमलों और अरमानों का आतंक शायर कैसे सहा करता। बीच अधर में लटकी घरेलू ज़िन्दगी का बोझ ढोता शायर दो घड़ी चैन तक न ले पाता होता और उसकी भावनाओं की हरी-भरी ज़मीन पथरा जाया करती। घरेलू मसाइल की आग में उसकी कल्पना का कोमल फूल बेमौत मरता रहता और दुनिया के दुख महसूसने की उसकी ताक़त पाताल लोक में जाकर गिर रहती। बुज़ुर्गवार कवियों की उर्मिला विषयक उदासीनता पर झींकने वाला कवि अपने मन की पत्नी विषयक उदासीनता के न रहने के घातक अंजाम ज़रूर समझता होता है। कवि इतना मज़लूम हुआ करता है कि उसे अपने ज़ेहन से निजी वैवाहिक ज़िन्दगी के सुखों को तिलाजंलि ही दे देनी पड़ती है। कवि ख़ुदगर्ज़ क़तई नहीं हुआ करता। यह साबित करने की ख़ातिर भले ही एक भावनाशून्य, नाशुक्री और कुंद घरवाली को तलाक़ देकर ख़ुद को सालना क्यों न पड़े। वो इस दर्द से गुज़रता है ताकि एक सच्चे दर्द के अनुभव से कविता बनाई जा सके। कविता की सेवा की ख़ातिर जीने वाला कवि कभी गुमराह नहीं हुआ करता फिर भले ही अपनी सपाट पत्नी को क़स्बे के हवाले कर किसी शहराती काव्यगुण सम्पन्न टक्कर की औरत के साथ गुलिस्ताँ क्यों न ज़माना पड़े। या फिर साहित्यिक दिये की आँच को साहित्य-सुन्दरी के फड़फड़ाते पल्लू की आड़ से ही क्यों न बचाना पड़े।

यानी जनाब तय मानिए एक अच्छा, सच्चा, समर्पित सुकुमार कवि कविता की पूँछ को शिद्दत और लगन से पकड़े रहता है।

साहित्य के लाइटहाउस

सदक़े जाऊँ जनाब। आप साहित्य-सागर के लाइटहाउस और मैं ठहरी लिखने की सनक वाली नयी-नयी नैया सवार आप साहित्यिक डायनासोर और मैं टेस्टट्यूब में पैदा हुई अटकलपच्चू लेखिका।

बजा फ़रमाया आपने। मैं भी मानती हूँ कि साहित्य के चन्द नेक अदीबों में एक ख़ास क़िस्म की तहज़ीब पैदा होती जा रही है। साहित्य की ज़मीन पर उगने की ज़ोरआज़्माई करती हुई औरतों की अँगुली पकड़कर उनकी रहनुमाई करने की तहज़ीब। देखिए आपने बजा फ़रमाया कि आप इतने जदीद क़िस्म के लिखने लिखवाने वाले बन्दे हैं जिनको औरतों को बराबरी का दर्ज़ा दिलवाने की, उरूज़याफ़्ता बनाने की सनक सवार हुई जाती है। आपकी इस सनक की तमाम वजहों में से एक बेइन्तहा ज़रूरी वजह यह है कि आपने मर्दाने क़ब्ज़े वाली तमाम जगहों पर औरत के घुटने और फिर उसके आज़ाद हो जाने के दर्द को क़लमबन्द किया है। आपने अपनी जमात की औरतों के दुख को नज़दीक से समझा है, जैसे कि अपने ख़ुद के घर तक में, देखा-सुना और महसूस किया है और आप नहीं चाहते कि आपके रहते औरतें अपने बराबरी के हक़ों को ज़ाया जाने दें। आप नहीं चाहते कि आपके रहते लिखने की तलब रखने वाली हुनरमन्द औरतें ख़ुद को घरों की चौहद्दी में सर्फ करती रहें।

आप सच कहते हैं जनाब कि औरत चाहे कितनी ही मज़बूत क्यों न हो पर जब किसी भी मैदान में उतरती है तो अनुभवहीन होती है। उस जगह के हक़ीक़तेहाल से नावाक़िफ़ होती है। कच्ची खिलाड़ी होती है और बेवजह किसी हरामकारी की फ़िराक़ में लगे मर्द के नीच इरादों का शिकार हो सकती है। वैसे भी, लिखनेवालियों की क़लम में कितनी ताक़त है,

कितनी गुंजाइश है, इसका पता तो वही रख सकता है जिसको उस जगह की पूरी मालूमात हों। लिखनेवाली के हुनर की पहचान करने का सलीक़ा और तहज़ीब हो। ओह आपने यह भी बजा फ़रमाया कि लिखनेवालियों की बहुतायत में एकदम से पहचान लिए जाने और चमचमाने के लिए कोई रहनुमा, कोई पारखी, कोई हमनवाई करने वाला होना चाहिए। आलमपनाह हम सौभाग्यवतियाँ नहीं तो और क्या हैं? वरना साहित्य की बागीची में वृथा विचरने वालियों को आप जैसे हमक़दम का, बग़लगीर का साथ कहाँ मिल सकता था?

जनाब आपका यह जुमला आपकी कितनी तो सुन्दर सोच का नमूना है कि जहान भर में औरतें दुखी हैं। अपने-अपने हालातों की मारी हैं और इसलिए भर-भर कर इतनी सारी शायरी करनेवालियाँ उगी जाती हैं। नयी सोच की औरतों के दिलों में दर्द का एक समन्दर उफ़ान मारता होता है। आप इसका मन्थन कर इस दर्द की गहराई से कविता रूपी मणियाँ पैदा करवाने की सच्ची सनक के मारे हुए हैं। क्या कहा आपने? अगर ये औरतें सुखी वैवाहिक जीवन जीती होतीं तो आज अपने घरों में बैठकर गुमनामी का सुख भोगती होतीं? वाह क्या इत्तेफ़ाक़ है कि इधर वे कविता की दुनिया में अपनी नैया लेकर निकली नहीं कि उधर एक न एक खेवैया उनके सफ़र में उनका रहनुमा बनने की राह तकता हुआ होता है।

मरहबा! आपको इस रहनुमाई का ऐसा चस्का ही नहीं लम्बा तजर्बः भी है। आप उसी फ़न के लिहाज़ से जानते होते हैं कि लिखती हुई औरत को ख़ुद के बारे में इतना तक इल्म नहीं हुआ करता कि वह क्या लिखा करे, क्यों लिखा करे। ग़र लिखे तो कहाँ और कैसे छपा करे? ग़र छपा करे तो इनामात और वाहवाहियाँ कैसे पाए और चर्चे में कैसे रहा करे? नाम और पहचान की मारियों को उड़ान भरने के लिए लॉचिंग पैड देने वाले महान साहित्य साधक आप। साहित्यिक सुन्दरियों के रक्षक आप। प्रेरक आप। मार्गदर्शक आप। उभरती हुई लिखने वाली के नाम के साथ-साथ चिपके हुए रहने वाले आप उसे इस बेदर्द साहित्यिक दुनिया में अकेले छोड़ने की बेहयाई कैसे कर सकते हैं। इस साधना भरी, भटकन भरी, खोहों-खाइयों भरी दुनिया में घर जैसी हिफ़ाज़त देने वाला, तरक़्क़ी के रास्ते खोजने-बनाने वाला कोई हमदर्द मिल जाए तो क़लम की शौक़ीन

नयी-नयी साधिका को और क्या चाहिए?

आलमपनाह आपके रहते साहित्य के गगन में कोई तारिका गुमराह होकर नहीं भटकेगी क्योंकि आप लाइटहाउस ही नहीं साहित्याकाश के ध्रुव तारे भी हैं।

अजी आप नहीं मानतीं तो आओ करके देखें। शरारतन कह रही हूँ, फ़ेसबुक पन्ने पर लगातार बीस दिन तक बीस कविताएँ चिपकाएँ। इक्कीसवें दिन तक आपको एक प्रतिबद्ध और संवेदनशील रहनुमा की प्राप्ति अवश्य होगी। साहित्य के दरिया में आपको ज़्यादा भीतर तक या आगे तक जाने की ज़रूरत ही नहीं आन पड़ेगी क्योंकि कोई न कोई क़ाबिले एतबार साहित्यिक एक्वेरियम आपके इन्तज़ार में ज़रूर होगा।

जानाँ! यहाँ देर हो सकती है पर अँधेर नहीं।

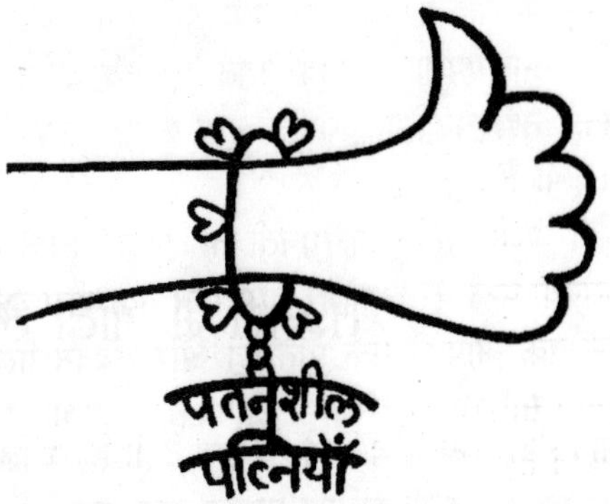

कई बार जब उलझने का मन न हो न ही कोई फ़ायदा दिखाई देता हो या अपने अन्दर उस समझाइश की ताक़त ही न हो तो नासमझ होने का दिखावा करने पर फ़ायदा बहुत होता है। जब आसपास की घरवालियाँ अपने पठे-पठाये पैंतरों से बाज़ीगरी दिखाती होती हैं। मर्दानियत का मारा कोई बन्दा अपनी लच्छेदार ज़बान का आलम बिखेरकर मुझ बेज़ार बन्दी को लुभाने या दबाने की कोशिश में लगा होता है; तब हमें जैसा-जैसा बनाया, घुमाया, उलझाया जाता है वैसा-वैसा बनते, घूमते, उलझते दिखने की नौटंकी करने का फल बेहद मीठा हुआ करता है। जब-जब ऐसा चालूपना किया है तब-तब कुछ लिखने और इंसानी फ़ितरत को समझने के लिए कोई न कोई अनमोल सिरा हाथ लगा है। वो क्या है न कि जिन शास्त्रों में अपन हमेशा से फिसड्डी रहे हैं उनमें पारंगत होने की उम्र तो अब पार कर ली। जनाब पर इस एक एहसासे कमतरी से उनपर लिखने का हमारा हक़ कम तो नहीं हो जाता है। अनजान और शिकस्त खाई हुई, झाँसे में आयी हुई दिखने के एवज़ में इस नाहासिल ज्ञान का कोई सिरा हाथ में आ जाए बस इतना मक़सद ही होता है हमारा।

पैंतरा फेंकने वाला बन्दा समझ रहा होता है कि वो मैदान मार रहा है पर दरअसल हम अपनी समझदानी को लिखने के हिसाब से दुरुस्त कर रहे होते हैं। यानी एकाध करतब तो हम भी जानते हैं जी।

हाय दैया! मैं कितनी कितनी नासमझ हूँ री।

तश्तरी में मादा लेखन

आपने बतकुटन्नी बीवियाँ तो खूब देखीं हैं पर लिखने वाली बीवियों को लेकर आपको अजब सी ख़लिश महसूस हुआ करती है और ऐसियों को देखकर एक बेहद नेक सवाल आपके हलक़ में अटका रह जाता है कि 'आप लिखती हैं तो रसोई कौन सँभालता है?' लेखिका के हुलिये का बारीक मुआयना करने वाली आपकी नज़रें यह जानने की ख़ातिर तड़प रही होती हैं कि बन्दी अपने घर और पति के ज़ुल्मों की मारी है या आला दर्ज़े की वेल्ली होने की वजह से क़लमबाज़ बनी हुई है। जो आपको ज़नाना क़लम से जिस्म और जिस्मानी जुनून के आसपास भी लिखा हुआ कुछ मिल जाए तो आप अचानक ही पाठक से ख़ानदानी शफ़ाखाना वालों के एजेंट के किरदार में आ जाते हैं। आपके मन में असल सुख से आरी एक दुखियारी मर्दमार औरत के लिए दर्द का समन्दर लहलहाने लगता है। ऐसे में आप लेखिका के एक-एक हर्फ़ में से हक़ीक़त के सुबूत जमा कर बाक़ी का बचा थोथा उड़ा दिया करते हैं। आपका ज़ाती तजर्बः आपको यही मानने को मजबूर किया करता है कि लिखनेवालियों की ज़िन्दगी में अगर सब सुख सन्तोष हुआ होता तो वे साहित्य की दुनिया में कूचा दर कूचा भटकने के बजाय बीवी के ओहदे का लुत्फ़ उठाती होतीं। आप लिखने वाली की ज़ाती ज़िन्दगी की तहक़ीक़ात करने को बेकल हुए जाते हैं ताकि अदीबा के लिखे हुए में सत्य की तलाश करने वाला एक ज़िम्मेदार पाठक कहला सकें। जो ग़र लिखने वाली सबकुछ के साथ-साथ हसीन भी होती हो आपकी कल्पना के घोड़ों के पास काम और भी बढ़ जाया करता है। यूँ कि आपको अन्दर ही अन्दर ऐसी गुमराह औरतें पसन्द हुआ करती हैं क्योंकि उनके अफ़साने असल सनसनीख़ेज़ हुआ करते हैं।

ओह आपके ख़याल क़ाबिले तारीफ़ हैं जी। सच! औरत को यह पता होना ज़रूरी है कि वो क्यों लिखती है। सरेराह अचानक ठहरकर किसी दरख़्त की अलबेली डाली को निहारने के बेमतलब काम के बारे में भी उसके पास हमेशा कोई भी कैसा भी जवाब तैयार होना चाहिए। नहीं-नहीं ज़रूरी नहीं कि कोई पूछेगा, बस अपने लिए पता होना चाहिए। घर से निकलने से पहले गूगल मैप पर पूरा रास्ता समझ लेना और बस का नम्बर तक पूछ कर ही निकलना जितना ज़रूरी है कि लिखनेवालियों को पता हो कि वे क्या लिख रही हैं। क्यों लिख रही हैं? किसके लिए लिख रही हैं? किससे प्रेरित होकर लिख रही हैं? किस अदबी धड़े की मार्फ़त लिख रही हैं? यहाँ तक कि मज़मून के सरनामे का, मध्य का, अन्त का खुलासा होना चाहिए। अजी ठहरिये जनाब मुझे अपनी समझदानी पर ज़ोर डाल लेने दीजिए शायद मैं ख़ुद ही यह जान पाऊँ कि मैं अख़िर क्या लिखती हूँ।

बरख़ुर्दार यह तो मेरी भी हैरानी का सबब है कि आख़िर मैं क्यों लिखती हूँ? जनाब मेरा एक सच है जो मेरी जैसी लाखों ज़नानियों के सच से मेल खाता है। मेरी दूसरी फ़िक्रमन्दी यह कि मर्दों की साहित्यिक दुनिया में सन्तुलन बनाये रखने का कुछ ज़िम्मा मेरे सर भी है। अदब के इतिहास में पैबन्द की मानिंद दर्ज़ हो गयी लेखिकाओं की विरासत को सँभालने के मिस भी लिखने की खुराफ़ात ज़रूरी है। है कि नहीं? ओहो! मैं भी न कैसी-कैसी ख़ुशफ़हमियों की सताई हुई हूँ। कैसी मति की मारी हूँ। विरासत तो मर्दों की होती है तो लेखिकाएँ भी मर्द मर्दित लेखकीय दुनिया की बपौती ही हुईं न। तो जनाब सुनिए। मैं लिखती हूँ ताकि इस बन्द और पतनोन्मुख दुनिया में ज़नाना क़लम की ताक़त का लोहा मनवा सकूँ। जनाब आपकी ख़यालबन्दी सुन-सुनकर मुझे बेहिसाब हँसी छूट पड़ रही है। चूँकि अभी मुझे आपके झुनझुनों सरीखे इनामात की तलब नहीं लगी है। इसलिए मुझे अपने असर की ज़द में लेने का नेक ख़याल आपको अपने ज़ेहन से बाहर निकाल फेंकना चाहिए।

मैं इसलिए क़लमघसीटी किया करती हूँ क्योंकि दिल्ली हाट से चाव से ख़रीदे हुए झुमकों से लटके जाते मेरे कान यह सुनने को तरस गये हैं कि तुम अलग हो, सबसे अलग। अपने गुफ़ाकालीन प्रिन्टों वाले आँचल की क़सम किसी भावुक सलोने अदीब की प्रेरणा बनने को आकुल मन

की कातर पुकार पर लिखा करती हूँ। क्रान्तिकारी फ्रेंच फेमिनिस्टों जैसी भारतीय नारीवादी विदुषी के तमग़े की दौड़ में लिखा करती हूँ। कोई नहीं आप कुछ भी मानने के लिए उतने ही आज़ाद हैं जितना मैं कुछ भी लिखने के लिए आज़ाद महसूस किया करती हूँ। पर हक़ीक़त यही है कि मैं नींद में बड़बड़ाती हूँ। मुझे बजती हुई साँकलें सुनाई देती हैं। रात के अँधेरे में कोरे चमड़े से जूता बनाकर जाने वाले चमत्कारी बौने मेरे सपनों में आते हैं पर बिना कुछ कमाल दिखाए चले जाते हैं। मैं सूखे गले से उनको पुकारती हूँ पर वे नहीं लौटते। हर रात मैं नींद की आग़ोश में जाती हूँ तो बस एक भावभीनी युगान्तरकारी रचना की फैंटेसी को अभिमन्त्रित करने के लिए। मैं अपनी खोई हुई आत्मसम्भवा अभिव्यक्ति को पाकर रहूँगी चाहे उसके लिए मुझे माता के जगराते और प्राचीन महादेव मन्दिर की परिक्रमा की मन्नत ही क्यों न माँगनी पड़े। ओ मेरी जागृत पीड़ा की सोयी हुई अभिव्यक्तियो जाग जाओ। ओ मेरे अभिशापित कथाओं वाले भाव-भीने मन शब्दों में उतर आओ।

अजी हटाइए भी। आप मुझे मजबूर कर रहे हैं कि मैं कुछ कड़वा सा कहूँ। जनाब मैंने देखा कि अक्सर मर्दों का लिखा कैसा होता है। अंग्रेज़ी कवि की रचनाओं का भावानुवाद करके हिंदी पाठिकाओं को ही नहीं हसीन लेखिकाओं को भी पटाने का मौलिक यक़ीन रखने वाले कवि कभी खुलासा नहीं करते होते हैं कि उन्हें कब्ज़ या बवासीर होती है। पाइल्स के पेन से विकृत हो गये अपने रुख़सार को दुनियावी हालात से उपजे अवसाद के नाम से महिमामंडित करेंगे। बड़े-बड़े अदबी महकमे चलाने का दावा लिए एक-दूसरे पर पिलते रहेंगे। साहित्यिक ठकुराई की ठसक से फूले हुए जलसों में मँडराया करेंगे। इनामात के लिए, पहचान के लिए तिकड़मबाज़ी किया करेंगे। उठती हुई लिखनेवालियों पर अपने दड़बे की मुहर लगाने को 'तू है मेरी किरन' की तर्ज़ वाला हाय-हल्ला मचाते फिरेंगे। तो जी ऐसी हौव्वेबाज़ अदबी जमात में लिखनेवालियों की जमात की निहायत ज़रूरत है बहनो।

इसलिए तुम लिखो औरतो। स्लेबस में लग जाने की कामना से लिखो। जनक्रान्ति को उकसाने के लिए लिखो। अदबी दुनिया में बराबरी की चाहत में लिखो। उपेक्षित स्त्री जीवन की रसहीनता को कतर डालने के

लिए लिखो। अदबीयत के लिए लिखो। इन्सानियत के लिए लिखो। ध्वंस और नव निर्माण के लिए लिखो। मन करे तो पुरस्कार के लिए लिखो। मंच के लिए लिखो। टाइम पास करने के लिए लिखो। जलने-जलाने के लिए लिखो। छलावे के लिए लिखो। भुलावे के लिए लिखो। दिलजोई करने के मिस लिखो। हक़ीक़तगोई करने के लिए लिखो। अदावत और बग़ावत के लिए लिखो। दिलो-दिमाग़ को भरमाने के लिए लिखो। फ़रेबी ज़माने को बेपर्दा करने के इरादे से लिखो। गालियाँ खाने के वास्ते लिखो। कोसे जाने के वास्ते लिखो। सियाह में सुफ़ेद और सुफ़ेद में सियाह की शिनाख़्त के लिए लिखो।

चलते-चलते

समझ सकती हूँ कि इस समय आप किस कशमकश में होंगे। अभी आप यह तक तय नहीं कर पा रहे होंगे कि इन पतनशील नोट्स को दिल्लगी कहें या दिलजली। फ़साना मानें या हक़ीक़त। बाग़ियाना समझें या बेबिसात। आह करें या वाह।

शर्तिया कहती हूँ कि आपको यह सवाल कोंच रहा होगा कि यह पतनशील होना आख़िर है क्या? यह रास्ता है या मंज़िल? ऐलान है या एहसास? पतनशील पत्नियों की बातों में फटकार, फ़रेब, फ़ब्ती, फ़ितूर, फ़साद—सबका लुत्फ़ पाया होगा आपने। यक़ीनन इस वाचाल दस्तावेज़ में फ़िकरे और फ़िकर, तक़रीर और तंज़, चहक और चाहत की झलक पाकर फिलवक़्त आप इस खलबली में होंगे कि इन नोट्स को ख़ारिज कर इस उलझन से पिंड छुड़ा कर अपनी उसी ख़ुशफ़हम दुनिया की तरफ़ भाग लिया जाए या यह मानना शुरू किया जाए कि दुनिया का एक गोलार्ध पतित, पतनोन्मुख या पतनशील ज़नानियों से भरा पड़ा था और आपको अबतक इस बात का इल्म तक न था।

ख़ैर मौज के मुरीदों के लिए इस किताब में इतना मसाला हुआ होगा कि इस पकाऊ हिस्से की तरफ़ झाँके बिना भी पैसा वसूल मज़ा पा गये होंगे। पर सोचने-जानने-समझने के शौक़ीनों को अपनी खलबली में यहाँ आकर यह जानने की तलब लगी होगी कि आख़िर क्यों कोई औरत ख़ुद को पतनशील पत्नी का तमग़ा पहनाने को आतुर है? क्यों इस गिरावट की फज़ीहत में पड़कर भी वह ऐसी ख़ुश और इतनी मुतमइन दिख पा रही है?

क्यों कोई औरत दुनिया के अच्छे-अच्छे तमग़ों को तजकर बाख़ुशी पतनशील होने का ऐलान कर रही है? कमबख़्त अपनी फिरकी ले रही है या ज़माने की?

देखिए जनाब शादी हर औरत की ज़िन्दगी का एक ऐसा मुकाम है जहाँ औरत के कन्धों पर सारी जमात के बने रहने का दारोमदार आ टिकता है, जहाँ एक सूत का भी विचलन एक अच्छी पत्नी की क़ाबिलियत पर सवालिया निशान लगा सकता है। जहाँ सुशीला, पतिव्रता, ममतामयी कहलाते जाने की मजबूरी में ख़ुद को कामनाहीन, अबौद्धिक, जड़ताप्रिय, स्वप्नहीन साबित करते चलना होता है। जान लीजिए कि इस साबित करने में औरत अपनी देह से, अपने जज़्बातों और एहसासों से इतनी दूर हो रही है कि ख़ुद को इस सुन्दर दुनिया का जीता जागता हिस्सा न मानकर एक पुर्ज़ा भर बनकर दिखने को मजबूर महसूस कर रही है। आपको यह जानना ज़रूरी है कि इस नौटंकी में खंडित होकर जीने की सज़ा कितनी खूँखार और कितनी अमानवीय है। आपकी एक नकली सुन्दर दुनिया के वहम को तोड़ने के लिए एक ज़रूरी घुसपैठ करने की गुस्ताख़ी में मैंने ये नोट्स लिख डाले हैं। यक़ीन करिए कि जिस दिन औरतों के दिलोज़िगर से दैवीय तमग़ों के बिना जीने का खौफ़ उठने लगेगा उस दिन वे सहज इंसानी ज़िन्दगी जीने के आनन्द से प्यार करने लगेंगी। वे जान जाएँगी कि इंसान होने के लिए जो विकल्प उसके पास आपने छोड़ा था वह था तो पतनशीलता का, पर ऊपर उठने के लिए यह तथाकथित गिरना ज़रूरी था।

सुनिए जनाब जब औरतें ख़ुद को पतनशील कहती हैं तो दरअसल यह जमात की काहिली का, मक्कारी का, चालूपंती का, साज़िश का पर्दाफाश करना हो जाता है। अगर अपनी चाहतों, हसरतों, सपनों, सहजता और इंसानी हक़ों के लिए पत्नियों के पास आसान और सीधा रास्ता होता तो पतनशील कहलाने की किसे पड़ी थी जनाब? इस तरह की पत्नियों को कभी प्रगतिशीलता की चाहत में निकली गुमराह औरत कहकर मखौल उड़ाया गया तो कभी ख़ारिज किया गया। इसलिए आलीजाह एक बड़ा मज़े का रास्ता चुना मैंने। ख़ुद पर तंज़ करना, ख़ुद का मखौल उड़ाना, ख़ुद को गिरा हुआ बताना, अपने राज़ खोलने की हिमाक़त करना, अपने राज़ छिपाने के राज़

को ज़ाहिर करना, तंगदिल माहौल में अपने तरीके से जीने की जुगत को बेपर्दा करना, खूब खिलखिलाना और आपको भी हँसाते हुए खेल-खेल में सबका भंडा फोड़ डालना। एक लम्बे समय तक स्त्रीवाद के नाम पर ख़ुद को दुनिया से अलहदा कर एक कड़क, दिलजली, खीजी, पकी बुझी-थकी-अकेली, नारेबाज 'नारी' को झेला है आपने। ऐसा झेला कि फेमिनिज़्म के नाम से ही नाक-भौं सिकोड़कर कन्नी काटकर नौ दो ग्यारह होते रहे आप। आप ही क्या औरतें भी थक-हारकर इस बात को सच मान चली थीं कि ऐसी हायतौबा का क्या लाभ जो विकल्पहीन-लक्ष्यहीन हो और दुनिया को हिला डालने के हवाई सपने से भरी हो।

जनाब यह सुन्दर दुनिया एक दूसरे से नफ़रत, कुढ़न और बदले की कामना से बदरंग हो इससे पहले ही क्यों न इसके रंगों को सहेज लें। हम अपनी एक अलग पहचान का मिथ पैदा कर उसके लिए जान देने और जान लेने की चाहना को तजकर क्यों न एक-दूसरे को पहचानना, समझना, चाहना, सराहना सीखें। इस क़दर कि कोई खाई रहे ही न। एक-दूसरे में दुश्मन तलाशने की बजाय दोस्त को पहचाना जाए। इस क़दर ख़ुशनुमाई से जीना सीखा जाए कि ख़ुद से प्यार करना सीखना उसका पहला क़ायदा हो। अपनी ख़ुदमुख़्तारी को वह ज़रिया बनाया जाए जिससे अपने रास्ते ख़ुद बनाये जा सकें। ख़ुद से ही नहीं इस दुनिया के हर उस ख़ूबसूरत पक्ष से भी प्यार किया जाए जो हमें स्त्री और पुरुष या पति और पत्नी की जड़ भूमिका से आज़ाद महसूस कराते हैं। जहाँ इंसान के कन्धों पर, साँसों और सपनों पर ढाँचों का बेशर्म बोझा न लदा हो।

पतनशील पत्नियों के बयान दुनिया को देखने का एक वैकल्पिक नज़रिया ही तो हैं। ऐसा नज़रिया जिसे दुनिया के मुताबिक बनाकर पेश करने की मजबूरी से आज़ाद होकर सीधे-सीधे कहने का जोख़िम उठाने वाली पतनशील नहीं तो और क्या कहलाएँगी? अपने राज़ उगल देने वाली। आपके भेद की बखिया उधेड़कर रख देने वाली। अपने दुखों का रोना न मचाकर दुखों और दुखों की वजहों पर लतीफ़ेबाज़ी कर डालने वाली। तंगफ़ुर्सत जमात को अपनी तंज़ की ताकत पर ठहरकर सुनने और हँस पड़ने पर मजबूर

करने वाली। अपनी ख़ुशगप्पियों से पहले मौज दिलाकर बाद में पसोपेश में फँसा देने वाली। जनाब! जनाब ! बताइए तो ऐसी पत्नी को आप पतनशील नहीं कहेंगे तो और क्या कहेंगे? आप इसे बदलगाम, गुस्ताख़, खिलन्दड़ी, बिन्दास, बेपरवाह, बाग़ी वगैरह कहने की सोचें भी उससे पहले ख़ुद ब ख़ुद ही ये तमग़े पहनकर इतराती फिरने वाली पत्नी को पतनशील नहीं तो और क्या मानेंगे आप?

मोहतरम! पत्नियाँ ही नहीं यहाँ तो ज़ुबान और अन्दाज़ दोनों ही पतनशील पाये होंगे आपने। आप ही बताइए कि औरत जमात की हक़परस्ती में तोहमतों और जुमलों के शोरोगुल से आपको वहशतज़दा कर खिजा देना, भगा देना मेरा मक़सद होता तो पतनशील अर्थ की इस भूलभुलैया का मायाजाल रचने की क्या ज़रूरत थी मुझे? अर्थ यहाँ किसी भी पक्ष का सगेवाला नहीं जी। ख़ालिस तरल शै है। थाली में लुढ़कते पारे की बूँद की मानिंद। ऐसा तरल कि पढ़नेवालों की समझ, इरादे और मक़सद के मुताबिक मायनों के मोहजाल में जकड़ने की फ़िराक़ में होता हो। चतुर शिकारी सा। तहों पर तह जमाये। अड़ंगेबाज। खिलन्दड़ा। अजी अब चालबाज़ कह भी डालिए न इस अन्दाज़ को! झिझकना कैसा? इस ज़ालिम नाक़ाबिले एतबार ज़ुबान को पतनशील होना ही था वरना पढ़ने वाले को हँसाकर फँसा लेने का फ़न कहाँ बचता? जनाब आप इन नोट्स का मुलाहिज़ा करते हुए हँस चुके तो समझो फँस चुके।

जनाब यक़ीन जानिए यह बहुत आसान सा रास्ता था कि किसी क़िस्से, कहानी, नॉवेल के किरदार की पीठ पीछे छिपकर अला-बला बकती और सारी बदचलनी का ठीकरा किरदार पर थोपकर खुद सती सावित्री ही कहाती चलती। पर तब आपकी ख़ुशफहम बुद्धि यही समझती कि बदचलन होने का हक़ और ख़तरा अफ़सानों की औरतों की ही ख़ते पेशानी में हुआ करता है। आप इसी गफ़लत में रहते चले जाते कि असल ज़िन्दगी की औरतों का दिलो-दिमाग़ ऐसे खुराफ़ाती ख़यालों को आस-पास भी फटकने नहीं देता। अजी नहीं जनाब! यह सारा झमेला आपकी सुखनसाज़ी में सेंध लगाने या आपकी ख़ुशनीयती को चौंकाने की ख़ातिर नहीं उठाया है, बल्कि सारा का

चलते-चलते

सारा सच साफ़गोई से ज़ाहिर कर देने की अपनी तलब की तामील करते हुए आपके सामने रू ब रू पेश हुई हूँ मैं। देखिए जी किरदारों के अन्दाज़ में लुकाछिपी बहुत हुई।

यक़ीनन आप इन नोट्स को व्यंग्य, लप्रेक, लघुकथा, अफ़साना, संस्मरण भर मानकर बने बनाये खाँचों में फिट करने की कोशिश तो करेंगे पर जनाब ऐसी भी क्या हड़बड़ी दिखानी? क्या पता अदब की हिजाबत वाला तबका अपनी किसी पारम्परिक विधा के दुर्ग में इन नोट्स की दख़लन्दाज़ी बर्दाश्त ही न कर पाये और इस बहाने अदबी रवायतों से परे 'स्त्री-गद्य' की नयी अनजान राहों का ईजाद हो। स्त्री-केन्द्रित गद्य नहीं बल्कि स्त्री की नज़रों से दुनिया को देखने-दिखाने वाला गद्य। रस्मों-रवायतों, दबावों, परहेज़ों, चौहद्दियों से पैदा हुए लिहाज़ से आज़ाद गद्य। अब तक की ओढ़ी हुई परतों, मुखौटों के खोल से आज़ाद गद्य। गद्य जिसमें स्त्री एक जेंडर भर न होकर एक मुखर और मुदित मनुष्य है। जहाँ स्त्री होना, इंसान होने का एक निहायत ही सहज पक्ष भर है। जहाँ इंसान को अपनी लैंगिक पहचान के लबादों से आज़ाद होने की पहल को क़लमबद्ध करने की गुंज़ाइश हो। हाँ जनाब ऐसा स्त्री-गद्य।

ख़ैर! लिफ़ाफ़ः देखकर मज़्मून भाँप जाने वालों को हैरतज़दह करने का गुनाह कुबूल करते हुए भी यह उम्मीद रखने की हिमाक़त कर रही हूँ कि हम फिर मिलेंगे। उम्मीद है कि पतनशील हमक़ितार और भी होंगे ज़माने में हमारे सिवा!

शुक्राने की घड़ी

...और आख़िरकार शुक्राने की घड़ी।

पर जाने क्यूँ शुक्राना अदा करने के वक़्त मेरी ज़बान पर ताले से पड़ जाया है। लफ़्ज जज़्बात का साथ ठीक से दे पा रहे हैं या नहीं, का वहम पीछा नहीं छोड़ता। जनाब एक ख़ासी ज़िम्मेदाराना रस्म है यह।

शुक्रिया मेरे हमसफ़र विजेन्द्र का जिनकी सोहबत के ख़ूबसूरत असर से पिछले बाइस साल से नुमाया हूँ। जिस सोहबत में दुनिया की वर्जित से वर्जित बात सोचने और कहने के बीच एक पल की भी झिझक की जगह नहीं। कितने ही अनुभवों, अहसासों, विचारों की भूलभुलैया और कैसी भी भटकन-उलझन को रचनात्मकता में तब्दील कर देने का हौसला देने वाली सोहबत।

इस रचनात्मक यात्रा के दोनों पतनशील साथी अदिति माहेश्वरी-गोयल और अपराजिता शर्मा को शुक्राना। फेसबुक और ब्लॉग पोस्टों में छिपी किताब की सम्भावना का सन्धान कर लेने वाली, किताब की परिकल्पना पर अपनी राय से लेकर हौसला देते रहने वाली दोस्त अदिति।

अपराजिता का शुक्रिया कि उन्होंने शब्दों को आकृतियों में भी बोलने का मौक़ा दिया। जहाँ लफ़्ज चूक गये या पूरे नहीं पड़े वहाँ तक पहुँचने का रास्ता इन चित्रों ने तैयार किया। किताब अगर एक सफ़र है तो अपराजिता उस ख़ूबसूरत सफ़र में मिली हमराही हैं।

दोस्त एम. ए. ख़ालिक़ का शुक्रिया जिन्होंने किताब की प्रूफ रीडिंग का ज़िम्मा उठाकर हिन्दी-उर्दू की अज़ीज़ गंगा-जमनी सोहबत से मेरे पुराने नाते और नए इश्क़ को निभाने में मेरा साथ दिया।

शुक्राने की घड़ी

नन्ही चोखेरबाली मिष्टी का शुक्रिया जिसकी बारीक नज़र से इस दुनिया की महीन से महीन रूप में गुथी हुई ग़ैरबराबरी बचने नहीं पाती। जिसके साथ से ज़माने की कुरूपताओं पर हँसने या उनसे टकराने भर की ही नहीं, बल्कि उन्हें क़लम के फ़न से सँवारने की भी ताक़त मिला करती है।

मिष्टी के प्यारे भाई प्रभव का शुक्रिया जिसकी सोहबत एक ऐसी भावी दुनिया के वजूद में यक़ीन करने को मजबूर करती है जहाँ ख़ूब प्यार, बराबरी और सहजता होगी।

शुक्रिया वाणी प्रकाशन और उनकी समस्त टीम का जिन्होंने एक नये से, अलहदा से मालूम पड़ने वाले ख़याल को अमली जामा पहनाया।

बीते दशक में हिन्दी ब्लॉगिंग के इतिहास में अपनी रचनात्मक नुक़्ताचीनी दर्ज़ करते रहने वाली तमाम पतनशील साथियों का शुक्रिया। शुक्रिया कि उन्होंने आँख की किरकिरी होना, पतनशील होना तय किया। आभार दुनिया की उन तमाम नामालूम पतनशील औरतों का जिनके संघर्ष से, पहल से, जज़्बे से बटोरकर सहेजी हुई ताक़त से इस रचनात्मक ऊर्जा को अंजाम मिल पाया।

शुक्राना उन परिचित-अपरिचित हमचश्म पुरुषों का जो जानी-अनजानी तमाम दुश्वारियों से लोहा लेते हुए भी दुनिया को सुन्दर बनाने की दुर्गम राहों में हमक़दम बने हुए हैं।

□□

नीलिमा चौहान